Amores da Eternidade

A renúncia como gesto de amor

Paulo Sérgio Teixeira Diniz
pelo Espírito Clara

Amores da Eternidade

A renúncia como gesto de amor

Aliança

1ª edição, Setembro/2019, do 1º ao 5º milheiro.

TÍTULO
Amores da Eternidade : A renúncia como gesto de amor

AUTOR
Paulo Sérgio Texeira Diniz / Clara

REVISÃO
Antônio Roberto de Carvalho

DIAGRAMAÇÃO
Aline Cantelle

CAPA
Aline Cantelle

IMPRESSÃO
Rettec Artes Gráficas e Editora Ltda.

FICHA CATALOGRÁFICA

Dados Internacionais de Catalogação na Publicação (CIP)
(Câmara Brasileira do Livro, SP, Brasil)

Clara (Espírito).
Amores da eternidade: a renúncia como gesto de amor.
[pelo espírito] Clara ; [psicografado] Paulo Sérgio Teixeira Diniz.
São Paulo : Editora Aliança. 2019.

ISBN 978-85-8364-079-0

1. Espiritismo 2. Eternidade 3. Psicografia 4. Romance espírita
I. Diniz, Paulo Sérgio Teixeira. II. Título

9-28903 CDD-133.9

ÍNDICE PARA CATÁLOGO SISTEMÁTICO:

1. Romance espírita : Espiritismo 133.9

Iolanda Rodrigues Biode - Bibliotecária - CRB-8/10014

EDITORA ALIANÇA
Rua Major Diogo, 511 - Bela Vista - São Paulo - SP
CEP 01324-001 | Tel.:(11) 2105-2600
www.editoraalianca.com.br | editora@editoraalianca.com.br

Sumário

1
Dois modos de Vida

A família de Jonas e Raquel era feliz, pois havia respeito e muito amor entre todos. O casal vivia juntamente com os filhos Rafael, Claudio e Natália, jovens que haviam recebido dos pais valores como honestidade, dignidade e amor ao trabalho.

Jonas e Raquel, ainda jovens, haviam montado uma padaria em um bom bairro da cidade e o comércio se constituía na fonte de renda do casal. Além de serem pessoas conhecidas e respeitadas pela grande maioria dos moradores, fizeram com que os filhos fossem criados em um ambiente harmonioso com os jovens de sua idade e desfrutavam a amizade da maioria deles.

Juntamente com os funcionários da padaria, os filhos de Jonas e Raquel passaram a assumir a responsabilidade pelo trabalho, proporcionando um pouco de descanso aos pais que haviam lutado com afinco para construírem a empresa numa época em que não podiam contratar muitos empregados e desempenhavam quase sozinhos todas as tarefas.

O expediente no comércio iniciava-se às quatro da madrugada e se estendia até por volta das vinte e duas horas. O casal, com a ajuda de um número reduzido de funcionários e dos filhos, mantinha-se sempre presente ao estabelecimento, evitando a sobrecarga de trabalho a qualquer um deles.

Com o passar do tempo, a padaria "Pão Nosso" se tornou uma referência na região, tanto pela qualidade dos produtos, como pela modernização e diversidade da produção, além de se tornar o ponto de encontro da juventude, onde se reuniam para tomar sorvetes e lancharem. Eram quase todos da mesma classe social, sendo muitos deles colegas de estudos no colégio do bairro.

Os filhos haviam crescido priorizando o trabalho e os estudos, mas ainda assim encontravam tempo para a convivência com os outros jovens de sua idade, quase todos moradores do bairro e das regiões vizinhas, na maioria filhos de casais que eram velhos conhecidos de seus pais.

Nas proximidades da padaria morava uma família em uma casa grande e luxuosa e que, apesar de serem moradores antigos do bairro, tinham pouco convívio com Jonas e Raquel. O homem era apadrinhado de um político da cidade que sempre o indicava a altos cargos da administração municipal, o que lhe proporcionava altos ganhos, além de participação em falcatruas, sempre envolvendo grandes empresas que, em troca de benefícios, contribuíam com elevadas propinas.

Assim a família de Guilherme e Sofia mantinha certo padrão de aristocracia, vivendo num patamar bem acima da maioria dos moradores do bairro e procurando manter distância dos demais, por considerá-los de classe inferior.

Os filhos andavam em carros de luxo, roupas de grifes famosas e se sobrepunham aos demais moradores da região. Até as conversas eram diferentes, sempre contando vantagens e procurando se destacar, principalmente diante dos frequentadores da padaria.

Marcelo, o mais velho, andava sempre envolvido com uma turma da "pesada", a maioria filhos de políticos e grandes empresários. Sempre frequentava shows de cantores famosos que se apresentavam na cidade e constantemente se envolvia com bebidas e outras drogas nos bailes funks onde aconteciam badernas. Geralmente eram protegidos por pessoas influentes que acabavam por livrá-los das consequências dos atos ilícitos que praticavam.

Thiago, o segundo filho, era mais moderado, apesar de, vez por outra, acompanhar o irmão nas badernas. Era mais ligado ao grupo que frequentava a padaria, quando se comportava mais discretamente, procurando se socializar. Mas, em companhia de Marcelo, geralmente assumia a postura do irmão.

Reinaldo, o mais novo, era orgulhoso, muito paparicado pela mãe, mulher orgulhosa que o aconselhava a não se misturar com os vizinhos, procurando frequentar locais de elite. Ele era muito esforçado nos estudos, destacando-se num grupo mais intelectualizado. Quase nunca frequentava a padaria, exceto quando em companhia de alguma garota de seu convívio. Nessas ocasiões, tomava um lanche ou um sorvete sempre afastado dos demais.

Algum tempo se passou e Marcelo começou a frequentar mais assiduamente a padaria, mostrando--se menos arrogante, procurando se aproximar dos proprietários e se prontificando até para ajudar em algumas tarefas, o que provocou a desconfiança principalmente de Rafael.

Certo dia, numa conversa em família, Rafael se dirigiu ao pai demonstrando preocupação:

— Pai, o Marcelo está frequentando a padaria, mostrando-se muito solidário. Estou estranhando, pois ele não é dessas coisas.

— Fique de olho, meu filho. Talvez ele esteja querendo aprontar alguma com você – Jonas aconselhou.

— Fique tranquilo, pai. Daqui a pouco ele some de lá. Ele não é bem recebido pelo grupo.

— Mesmo assim, fique de olho.

Marcelo foi procurando ganhar a simpatia do grupo de amigos, principalmente de Natália, que passou a vê-lo com outros olhos, passando a lhe dar mais atenção. O rapaz se mostrava cada vez mais próximo da moça que, aos poucos, foi se encantando, apesar das advertências do irmão.

Em uma tarde de domingo, Marcelo se aproximou de Natália procurando conversa:

— Eu lhe admiro muito, pois você não é como as outras garotas; é mais madura, apesar da idade. Gostaria de contar o que se passa comigo. Estou me sentindo muito só, minha mãe não me dá atenção e só tem olhos para o Reinaldo. Meu pai não conversa em casa, está sempre envolvido com os negócios. A turma com quem saio é um bando de "doidões" e eu não quero mais andar com eles. Então fico muito solitário.

— Que bom que quer mudar de vida – respondeu a moça.

— Quero levar uma vida normal, estudar, trabalhar... Gostaria que você me ajudasse, afinal perdi muito tempo e não conquistei ninguém em quem possa confiar.

Natália havia desfeito um namoro há algum tempo e também precisava conversar com alguém que pudesse compreendê-la.

— Conte comigo, Marcelo. Fiquei feliz que você me veja desse modo e agradeço pela confiança.

— Sempre lhe admirei, mas estava envolvido com baladas e garotas fúteis, o que dificultou me aproximar de você.

Aquela aproximação causou preocupações à família de Natália, principalmente ao pai que sabia das atitudes e companhias do rapaz. Tentando alertar a filha para os riscos que corria, chamou-a para uma conversa e disse:

— Minha filha, você conhece o Marcelo e a família dele, pois somos todos do mesmo bairro. Você sabe que eles têm um modo de vida muito diferente do nosso. Vocês cresceram valorizando o trabalho e as conquistas por meio da dignidade. Nunca se envolveram em situações de desrespeito aos outros, tampouco às leis e às convenções sociais. Graças a Deus, nossa família goza de bom conceito. Eu lhe peço, filha, evite o convívio com esse rapaz. Há tantos outros com bons princípios, com quem você pode conviver e talvez até estabelecer um relacionamento...

— Sim, pai, eu concordo, mas não posso desprezar o rapaz que se aproximou de mim prometendo mudar de comportamento e me pedindo um apoio num momento difícil de sua vida. Não posso virar as costas para ele agora. Eu sei das suas preocupações, mas fique tranquilo. Saberei conduzir a situação, afinal não sou mais nenhuma criança.

— Sei disso, filha, mas procure se afastar aos poucos, sem que ele se sinta ofendido ou magoado.

As palavras de Natália tranquilizaram um pouco Jonas, mas mesmo assim ele procurou Raquel para colocá-la a par do que estava acontecendo. Porém a mulher não era de se posicionar, preferindo ficar alheia aos problemas e deixar o marido cuidar das questões mais delicadas.

O tempo foi passando e ficando cada vez mais difícil para Natália se afastar do rapaz, que se mostrava mais afetuoso a cada dia, até que a pediu em namoro. A moça se encantou com as atitudes ousadas de Marcelo, sempre a surpreendendo com gentilezas, e não conseguiu recusar.

Ele era um jovem bonito, tinha bom gosto ao se vestir e possuía um carro que chamava a atenção. E os dois passaram a frequentar ambientes requintados e os restaurantes mais badalados e caros da cidade. Marcelo não economizava nos presentes; quase sempre roupas de grife, joias e perfumes caros.

Jonas e Rafael percebiam que Natália havia mudado. Ela já não era a garota simples, que se contentava com a vida sem ostentações em que fora criada. O pai e o irmão, percebendo aquilo, tentavam alertá-la com mais veemência, mas a moça havia perdido a doçura e a meiguice de outrora.

Jonas, tentando se mostrar mais carinhoso e paternal procurou-a em seu quarto, sentou-se na cama e, passando o braço em torno do pescoço da filha, falou:

— Filha querida, eu sei que você tem saído com o Marcelo, apesar das minhas recomendações. Sei que tem recebido presentes caros, frequentando ambientes requintados. Está se deixando influenciar por esses luxos. Acontece, filha, que o Marcelo não trabalha, ele é sustentado pelo pai e, pelo que sei, não estuda. Como poderá lhe dar um futuro? Mesmo que os pais o continuem sustentando, se você se unir a ele, ficará nas mãos dessas pessoas que vivem de recursos de origem duvidosa. Você não precisa disso, filha. Sempre trabalhou conosco em nossa padaria e sempre teve o seu salário. Você não vive de mesadas, está terminando seus estudos e tem um futuro pela frente, alicerçado no trabalho digno e em elevados valores morais.

Em um movimento brusco, ela se desvencilhou do abraço do pai e, tomando um ar de arrogância, se levantou e respondeu:

— Eu já lhe disse que não sou mais criança e sei me cuidar sozinha. Vivi até hoje num trabalho que me impede de frequentar as festas e as diversões porque, ou tenho que trabalhar nesta padaria até tarde enquanto meus amigos se divertem, ou tenho que dormir cedo para trabalhar de madrugada. Raramente tenho um fim de semana livre. Agora que encontrei uma pessoa que me proporciona o que nunca tive, você e o Rafael querem conduzir os meus passos, querem que eu fique a vida inteira nesse trabalho escravo, me contentando com essas migalhas que recebo. Chega, pai! Quero minha liberdade. Na casa do Marcelo eu sou tratada como uma rainha.

O coração do pai sentiu uma pontada como se tivesse recebido uma punhalada. Sua filha não era mais a menina dócil, carinhosa, amorosa de tempos atrás. Jonas sentiu que Natália estava fortemente influenciada por aquele rapaz e por sua família. A sensação era a de que havia perdido a filha querida.

Baixou a cabeça, cobriu o rosto com as mãos e logo sentiu as lágrimas correrem quentes pelo seu rosto molhando-lhe as mãos. Sentiu-se fracassado ao pensar nos anos de luta para montar a padaria a fim de que pudesse dar o sustento à família, além de boa educação para os filhos enquanto aprendiam a valorizar a vida por meio do trabalho digno.

Nessa hora, Raquel entrava no quarto e, percebendo o estado do marido diante da postura altiva da filha, imaginou o que teria acontecido. Raquel, apesar de se dedicar ao trabalho junto ao marido e de ser sempre solidária a ele, principalmente nos tempos difíceis, costumava não se posicionar. Mesmo assim, procurou a filha tentando justificar a posição do marido.

— Que houve, Natália? Você brigou com seu pai? A moça não respondeu, limitando-se a dar de ombros, insinuando que não se importava com a situação deplorável em que o pai se encontrava.

Não obtendo uma resposta que esclarecesse a questão, Raquel acabou deduzindo. Sentou-se ao lado de Jonas e ficou em silêncio, enquanto Natália saía do quarto batendo a porta atrás de si. Só então Raquel perguntou:

— O que houve, Jonas? Por que você está nesse estado e por que Natália saiu batendo a porta sem falar comigo?

Ele permaneceu quieto por alguns momentos, como se escolhesse as palavras para esclarecer o que havia acontecido.

— Raquel, eu estou temendo uma desgraça em nossa família. Sempre procurei manter distância da família do Guilherme, pois eles têm uma vida muito diferente da nossa. Eles também sabem dessa diferença e até agora se mantiveram longe, mas nossa filha está envolvida com o Marcelo. É isso que me preocupa. Estamos perdendo o controle, o respeito e o carinho dela. Natália está totalmente influenciada por aquele rapaz.

Raquel baixou a cabeça em sinal de reflexão e os dois permaneceram lado a lado em silêncio como se previssem que o rumo dos acontecimentos não seria nada bom.

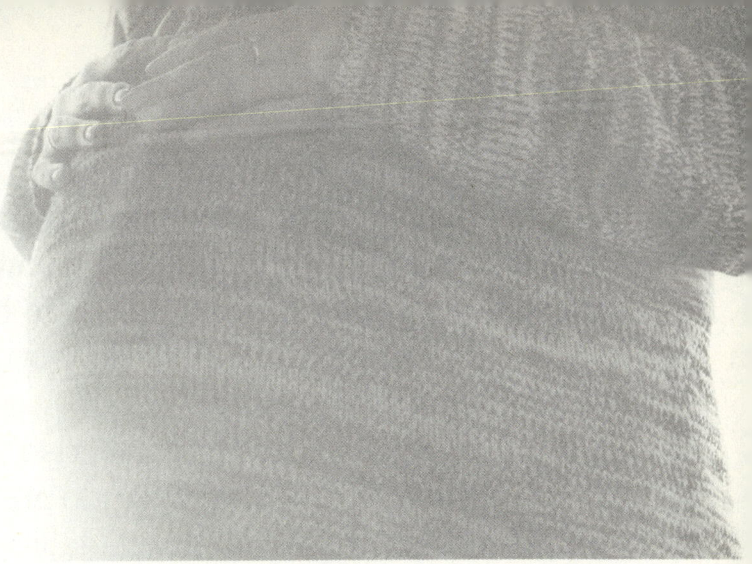

2
Gravidez e Rejeição

A irritação de Natália durante a conversa com os pais tinha uma explicação: havia notado uma mudança em seu corpo e a menstruação estava atrasada. Ela temia estar grávida e não se sentia preparada para a maternidade. Decidiu procurar uma ex-funcionária da padaria que se tornaria sua amiga, em busca de uma palavra que pudesse tranquilizá-la até que fizesse o teste de gravidez.

Naquela mesma tarde tomou um ônibus até o bairro em que a amiga morava e no trajeto a ansiedade aumentava, assim como a esperança de que ela lhe indicasse um caminho para a resolução do problema. Quando desceu do ônibus, Natália andou alguns minutos e já se encontrava na porta da casa de Luzia. Bateu e a amiga atendeu dizendo:

— Olha quem se lembrou de mim hoje! Que prazer revê-la depois de tanto tempo, Natália. Desde que saí da padaria, a última vez que nos vimos foi no meu casamento. Depois disso, raramente tenho notícias suas. Fiquei sabendo que está com um namorado rico, frequentando lugares chiques. Como você está? Seu pai, sua mãe, Rafael e Claudio estão bem?

— Tudo bem com eles. Eu é que não estou bem, Luzia. Acho que estou grávida.

A amiga abriu um largo sorriso.

— Que bom, Natália! Quando pretendem ser casar?

— Casar? Não. Não há nada acertado sobre isso. Na verdade, eu nem sei como vou fazer se realmente estiver grávida. Meu namorado não está trabalhando.

Luzia baixou um pouco a cabeça tentando refletir sobre o que acabava de ouvir.

— Entre, sente-se aqui no sofá para conversarmos.

Sentaram-se e Natália contou toda a sua história. Só quando terminou, Luzia começou a falar:

— Olha, amiga, a primeira coisa que você deve fazer é o teste de gravidez. Caso se confirme, não se desespere nem pense em fazer bobagens. Deus não dá uma missão a quem não pode desempenhá-la. Toda criança que nasce é uma bênção. Por mais que não consigamos entender imediatamente, a maternidade é uma oportunidade que Ele nos dá de contribuirmos com o processo das reencarnações na Terra. Veja Maria Santíssima, se não fosse a sua missão, o mundo não veria Jesus, o Cristo de Deus. Ela, quando solicitada à maternidade, não se esquivou, sua aceitação foi incondicional.

Apesar de ser criada por família católica, Luzia sempre lia livros espíritas que falavam dos ensinamentos da doutrina. Natália se interessava pelo assunto, apesar de nunca se aprofundar nesses conhecimentos; talvez não se dispusesse a quebrar os fundamentos sedimentados em sua mente. Os pais também, apesar de católicos, não se dedicavam às questões religiosas, limitando-se a frequentar eventualmente alguns cultos.

A conversa com a amiga havia aquietado o coração de Natália, que se despediu mais confortada. No trajeto de volta para casa, foi pensando que quando procurou Luzia tinha certeza de que a amiga não poderia resolver o problema da gravidez, mas uma força estranha a conduziu até ela. Pensava também em como a doutrina espírita era consoladora, sempre trazendo uma esperança. Como a visão do Cristo e até mesmo de Deus era diferente à luz do espiritismo. Observou também que na presença de Luzia todas as ansiedades e inseguranças foram aliviadas, mas voltaram assim que se despediu da amiga.

Natália chegou em casa e não falou com ninguém. Havia anoitecido. Dirigiu-se imediatamente para o quarto, trancando a porta para ter a certeza de que não seria incomodada.

Raquel percebeu que alguma coisa grave estava acontecendo com a filha, bateu à porta e, como a moça não abriu, perguntou se estava tudo bem. Recebendo a resposta afirmativa, também se recolheu com o coração apertado. Queria conversar com Natália, estar junto dela para apoiá-la e protegê-la independentemente de qual fosse o problema.

Natália não conseguiu dormir naquela noite, mas enfim chegou a manhã. A filha de Raquel se levantou antes de todos e foi à farmácia comprar o dispositivo para o teste de gravidez. Chegando em casa, fez o teste e comprovou que estava mesmo grávida.

Diante do resultado, a ansiedade desapareceu dando lugar à coragem de lutar, pois ainda tinha as palavras de Luzia na mente. Chamou os pais, que ainda tomavam o café da manhã, para dar a notícia.

Jonas ficou completamente imóvel e Raquel se abraçou à filha, tentando demonstrar solidariedade enquanto esperava uma explicação, mas a moça se manteve em silêncio, não dando nenhuma demonstração de fraqueza ou insegurança. Jonas preferiu sair calado, sem sentir o chão sob seus pés.

Passado o impacto da notícia, pai, mãe e filha se reuniram para decidirem que providências tomar. Natália estava decidida a procurar Marcelo imediatamente para lhe dar a notícia. Certamente ele iria conseguir uma solução para o casamento e, juntos, criariam o filho com o apoio dos pais. Com o tempo tudo se acertaria, talvez fosse até um estímulo para que Marcelo procurasse um trabalho e adquirisse sua independência.

A moça ligou para Marcelo marcando o encontro na padaria, ao final da tarde, dizendo que tinha uma notícia maravilhosa e queria compartilhar.

Naquela tarde, Natália colocou uma das melhores roupas que havia ganhado de presente do namorado, perfumou-se discretamente e se dirigiu para a padaria um pouco antes da hora marcada. Estava linda...

No início da noite, Marcelo chegou. Ela o aguardava em uma mesa como se fosse uma cliente, uma vez que não estava no seu horário de trabalho.

— Boa noite, amor – ele a cumprimentou.

Estava alegre como de costume, brincando com os cabelos de Natália e, após alisá-los, levou-os ao nariz, elogiando seu perfume:

— Amor, você é a flor mais linda e perfumada do meu jardim! – Natália esboçou um sorriso discreto correspondendo aos galanteios. — Você disse que tem uma notícia maravilhosa e me recebe com essa frieza?

A moça disse apenas:

— Sente-se aqui, Marcelo – e sorriu suavemente colocando doçura no olhar. Passou a mão em volta do pescoço dele, encostou o rosto na testa do rapaz e falou: — Tenho uma notícia maravilhosa sim, amor.

— Então diga logo – ele falou curioso.

— Estou grávida – a moça informou sem rodeios.

Marcelo deu uma risada e disse:

— Não brinque, Natália. Quero saber da notícia que...

— É verdade, não estou brincando – ela falou séria. — Você não acha esta notícia maravilhosa?

A expressão do rapaz mudou completamente. Ficou pálido, um frio correu-lhe pela espinha. Estabeleceu-se um silêncio por instantes, que foi interrompido pela moça:

— Estou grávida sim, Marcelo. Veja o exame.

O rapaz teve o ímpeto de sair correndo dali, pegar o carro e desaparecer, mas se conteve. Sabia que não tinha como fugir. Por isso tratou de achar um meio de ganhar tempo para organizar as ideias. Por fim, falou:

— Meu amor, eu fui pego de surpresa, claro que a notícia é maravilhosa! Eu sempre sonhei em ter um filho.

— Não se assuste, amor. Eu vou ajudá-lo a arranjar um emprego. Quem sabe você não trabalha conosco aqui na padaria, pelo menos até conseguir coisa melhor? Assim poderemos montar nossa casinha, modesta por enquanto, mas suficiente para começarmos a nossa vida.

Marcelo realmente havia moderado em sua vida desregrada. A namorada havia lhe despertado sentimentos, mas não estava disposto a abrir mão de sua liberdade. Se aceitasse o emprego, teria de se sujeitar às ordens de Rafael e Claudio que, nessa época, administravam a padaria. Seria muita humilhação para o filho do poderoso e orgulhoso casal Guilherme e Sofia.

Entretanto, mesmo não estando disposto a assumir a paternidade da criança, não podia deixar que Natália percebesse a sua decisão, até porque temia a reação dos irmãos dela, que atendiam clientes a poucos metros dali. Ele precisava manter a namorada na esperança de que assumiria sua responsabilidade e constituiria uma família com ela e o futuro filho. Depois pensaria num modo de escapar daquela situação.

A conversa prosseguiu e Natália foi percebendo que, apesar de o diálogo se desenvolver, o pensamento do rapaz vagava distante demonstrando preocupação. Suas mãos suavam e as palavras eram desconexas.

Notando a situação constrangedora que se estabeleceu, a moça se apressou em se despedir, imaginando que passado o impacto da notícia Marcelo se mostraria mais calmo e, certamente, mais seguro para assumir o relacionamento ou até mesmo lhe propor casamento.

O rapaz sentiu grande alívio, pois não sabia como achar uma justificativa para interromper a conversa sem demonstrar sua verdadeira intenção. Ao se despedirem, Natália falou:

— Vá, meu amor, pense com calma no que fazer para vivermos nosso amor juntamente com o nosso filhinho que vai nascer. Espero você aqui amanhã à noite para comunicarmos aos nossos pais sobre o que decidimos. Eu o amo!

Marcelo entrou em casa transtornado, como se não sentisse o chão sob os pés. Coincidentemente, Guilherme estava ali, lanchando com a esposa enquanto narrava para ela mais uma jogada política que geraria bons rendimentos.

— Que novidade, Marcelo! Você em casa tão cedo? Brigou com a namoradinha brega?

Ele os olhou seriamente.

— Preciso falar com vocês.

— Já se meteu em novas confusões, não é? — perguntou Sofia.

— Não, mãe, mas estou encrencado.

— Que foi que aconteceu, meu filho? – indagou o pai. — Fale. Estamos aqui para ajudá-lo.

— A Natália está grávida – o rapaz disse com irritação.

A mãe também se irritou:

— O quê? Grávida?

— Sim. Ela me contou agora há pouco.

— O filho é seu? – perguntou Sofia.

Marcelo não respondeu.

— Eu sabia que aquela fulaninha iria aprontar – Sofia disparou. — Então deu o golpe da barriga... Eu avisei que não se metesse com essa gentinha.

Guilherme se mantinha calado também em tom reprovador, mas vendo o estado de perturbação da esposa e do filho, tentou conciliar:

— Sossegue, Marcelo. Amanhã a gente resolve isso.

— Como assim, pai? O que poderemos fazer?

— Vamos logo cedo ao meu gabinete. Vou chamar o Gentil, pois é ele quem resolve o caso dessas garotas que saem com os nossos companheiros da política e depois dão o golpe da barriga. Lá o caso é ainda mais grave porque são geralmente garotas menores de idade, ainda adolescentes. Tem um companheiro nosso que é especialista nesses casos, fique tranquilo.

Sofia, que demonstrara grande preocupação, respirou aliviada, apoiando a decisão do marido.

Marcelo, apesar de se tranquilizar um pouco notando a solidariedade dos pais, sentiu uma pontada no peito. Afinal, a decisão fora tomada à revelia de sua vontade. Notou a prepotência de seus genitores ao decidirem sem demonstrar nenhum respeito à vida da criança e aos seus próprios sentimentos. Apesar de não querer perder sua liberdade, não esperava uma decisão tão fria.

3
Decepção de Natália

Ao se deitar naquela noite, Marcelo não dormiu logo em seguida, pois as ideias iam e vinham em sua mente. Diante da possibilidade de provocar o aborto, ele percebeu que em seu coração havia um forte sentimento por Natália o que o deixava inquieto diante das palavras frias do pai e da aceitação com tanta naturalidade por parte da mãe. Ele sabia que a namorada era moça de sentimentos puros, criada por uma família cujos valores eram totalmente diferentes dos que eram defendidos em sua casa.

Depois de rolar por longo tempo na cama, acabou adormecendo, mas o sono não era tranquilo; parecia reprisar a conversa que tivera com Natália e com os pais. Logo passou a sonhar com seres estranhos, gritando palavras de ódio e o aconselhando a matar a criancinha inocente, que lhes serviria de banquete em rituais macabros. O rapaz se debatia tentando se desvencilhar daquela cena estarrecedora. Acordou exausto e deprimido, sem entender o sonho.

Marcelo se levantou mais tarde do que de costume. Os pais tomavam café da manhã e, ao vê-lo, Sofia, após os cumprimentos, o convidou para se sentar à mesa. Guilherme disse:

— Prepare-se, Marcelo. Nós vamos ao meu gabinete resolver o seu problema.

— Pai, nós não deveríamos primeiro consultar Natália? Saber se ela concorda com o que você está propondo?

— Quero primeiramente me aconselhar com o Gentil, para saber quais as providências que deveremos tomar.

Marcelo acompanhou o pai a contragosto, pois não queria ser responsável por aquele ato hediondo. Ao chegarem ao gabinete, Guilherme ligou para o Gentil que não demorou a chegar. Tomando a palavra, expôs a situação sem mesmo consultar o filho. Gentil interrompeu dizendo:

— É isso que você quer, Marcelo?

O rapaz, inseguro, fez um gesto afirmativo e o homem disse:

— A primeira iniciativa é consultar a moça se ela quer fazer o aborto, porque talvez não o tenha feito por falta de condições, inclusive financeiras, mas quando souber que daremos o apoio, optará por aceitar. Se ela recusar, ofereceremos dinheiro. Essas garotas não resistem quando veem uma boa grana.

— E se ela não aceitar? – perguntou Guilherme impaciente.

— Se não aceitar nenhuma das alternativas, eu tomo as providências para convencê-la. – Gentil falou em tom irônico, pondo fim à conversa.

Marcelo se despediu e foi para casa onde a mãe já o aguardava ansiosa. Sofia interrogou o filho e, à medida que o relato prosseguia, fazia comentários baseados na conversa que tivera com o marido quando lhe explicou com detalhes como se fazia em casos semelhantes ao de Marcelo.

Logo que se livrou do interrogatório, o rapaz se recolheu ao quarto saindo apenas para as refeições. Quando Guilherme chegou para o almoço também não escapou do interrogatório da esposa.

Natália também enfrentava um interrogatório, mas de forma bem diferente. No diálogo, apesar de ser conduzido pelos pais, as decisões da filha eram respeitadas sem imposições, apoiadas com amor e carinho. Ninguém sequer pronunciou a palavra aborto. A moça insistia em afirmar que Marcelo pensaria com calma e aceitaria dividir sua vida com ela e com o futuro filho.

Jonas e Raquel não acreditavam que o rapaz assumisse sua responsabilidade, abrindo mão de uma vida de farras sustentadas por gordas mesadas, para enfrentar uma rotina caseira custeada pelo trabalho digno e honesto. Ainda assim deixaram claro que estavam dispostos a ajudar a criar o neto.

Natália se sentiu forte com o apoio dos pais. Envergonhada e arrependida, pediu perdão por tê-los maltratado quando fora orientada sobre as diferenças na modalidade de vida dela e da família de Marcelo, inclusive prevendo problemas no convívio entre as famílias.

Enfim chegou a hora do encontro que havia marcado com Marcelo. Natália se aprontou como de costume, dirigindo-se à padaria conforme combinaram. Logo que se sentou, o celular tocou e ela atendeu:

— Oi, Marcelo, o que foi? Algum problema? – perguntou ansiosa.

— Não, nenhum problema. Liguei apenas para lhe avisar que estou lhe esperando aqui no barzinho.

— Por que não vem aqui na padaria, como combinamos?

— Prefiro que seja aqui. Venha para cá, aqui conversaremos.

O barzinho ficava naquela mesma avenida, a duas quadras da padaria e mais próxima à casa dos pais do rapaz. Natália seguiu para lá cheia de apreensão pela mudança inesperada do local do encontro.

Quando chegou, Marcelo a esperava em uma mesa, num local mais sossegado. Levantou-se para recebê-la e os dois se abraçaram emocionados. Os corações batiam acelerados. Natália interrompeu o enlevo ao perguntar:

— Por que você mudou o local do nosso encontro na última hora? Por que não passou na padaria para me apanhar?

—Naturalmente você falou com a sua família sobre a gravidez e eu não sei qual será a reação deles. Achei que poderia ocorrer um conflito, principalmente com seus irmãos. Foi por esse motivo que achei melhor conversarmos aqui.

Apesar de saber que aquela não era uma atitude própria de sua família, Natália achou prudente a iniciativa do namorado e passou a relatar a conversa que tivera com os pais. Os irmãos não se envolviam em nenhuma questão que dissesse respeito à intimidade da irmã, principalmente em relação ao Marcelo.

Após as explicações, os dois se envolveram em um carinhoso abraço, permanecendo em silêncio, sentindo apenas as suas respirações e o bater dos corações. Natália, afastando um pouco o rosto, perguntou:

— Meu amor, você pensou em como vamos conduzir nossas vidas daqui para frente?

— Sim, amor, eu pensei muito. Quero dividir minha vida com você, mas não tenho um trabalho e não posso aceitar o emprego que me ofereceu porque tenho certeza de que não daria certo, principalmente com seus irmãos. Portanto, não tenho como assumir esta responsabilidade. Meus pais não estão dispostos a me manterem juntamente com esposa e filho.

Aquelas palavras atingiram diretamente o coração da moça que sentiu um frio na espinha e uma forte vontade de chorar, mas se conteve, pois não queria fraquejar. Um nó lhe embargava a voz obstruindo a garganta. Esperou se refazer até que conseguiu falar:

— Você está abrindo mão de mim e do nosso filho?

— Não, meu amor. Pensei em uma forma de resolver esta situação.

— E qual seria?

— Nós continuamos namorando, meu pai fará tudo, inclusive custeará as despesas para você fazer um aborto. Quando tivermos condições financeiras que nos permita viver juntos, teremos outro filho.

Natália se desvencilhou bruscamente dos braços do rapaz e, levantando-se da cadeira, falou indignada:

— Você está propondo matar nosso filho? Isso nunca. Se você não o quer, eu o quero. Nunca deixarei que lhe falte nada, não preciso de você para isso.

Dizendo isso desceu as escadas correndo, enquanto chorava convulsivamente despertando a atenção dos outros clientes. Marcelo permaneceu sentado, imóvel, com a cabeça entre as mãos. Havia perdido o amor que alimentava sua alma após abandonar a vida desregrada e a bebida entre outros hábitos nocivos.

Ao sair do barzinho, Natália corria em prantos, nem notava quando cruzava com as pessoas na rua, a maioria conhecidas que ficavam perplexas sem saber o que estava acontecendo.

Chegando em casa, foi diretamente para o quarto sem falar com ninguém. Raquel imaginou o que teria acontecido, mas não procurou conversar com a filha, preferiu esperar o outro dia, quando ela estivesse mais calma.

Natália não conseguia dormir, repassando mentalmente a conversa com Marcelo, analisando cada fato, cada nuance dos acontecimentos. Tentava encontrar uma justificativa para a atitude do namorado e, quem sabe, poder até perdoá-lo, mas não encontrava. Tinha sido agredida em seus princípios mais puros.

Após muito pensar sem achar uma saída que salvasse seu relacionamento, adormeceu e só despertou no horário de sair para o trabalho. Arrumou-se e saiu sem falar com ninguém, pensando em tomar o café da manhã na padaria. Imaginava que o trabalho lhe faria esquecer um pouco a avalanche de pensamentos que assolavam seu cérebro.

Passou o dia remoendo angústias, mas tomou uma importante decisão.

Ao chegar casa, após o dia de trabalho, chamou os pais e falou:

— Quero lhes informar que rompi definitivamente com o Marcelo. Não esperava a posição dele diante do nosso caso, até porque eu já estava confiando nele. O Marcelo já havia mudado, sei que gosta de mim, mas fica pressionado pela família que não me aceita e talvez não aceite o nosso futuro filho. Ele depende deles. Acredita que teve a coragem de me propor fazer aborto? E o pior, instruído pelos pais que se propuseram até a arcarem com as despesas.

Raquel permaneceu em silêncio e foi Jonas que tomou a palavra:

— Filha, eu e sua mãe já esperávamos essa atitude desse rapaz. Você foi ingênua acreditando nele, achando que ele abandonaria a vida de "filho de papai", onde vive de mesadas sem ter que se preocupar com nada, para assumir uma vida de responsabilidades com a família? Além do mais, os valores daquele povo são muito diferentes dos nossos. Enquanto nós valorizamos o trabalho digno e honesto, eles vivem de falcatruas sem nenhum respeito pelas pessoas. Vivem de levar vantagens sobre os outros, sem nenhum sentimento por elas. Por dinheiro, são capazes de tudo. Eu sempre disse isto a você e a seus irmãos, você não acreditou.

— Pai, eu fiquei conhecendo o Marcelo e sei que ele age assim por influência da família, mas é uma pessoa boa. Ele já mudou muito, não estava mais levando aquela vida...

— Sim, minha filha, mas você errou. Não devia ter confiado assim.

— Errei sim, pai. Por isso peço perdão. Eu deveria ter escutado vocês.

— Claro que você tem o nosso perdão. Amamos você e não vamos abandoná-la nem ao seu filho – enquanto Jonas falava, Raquel apenas fazia expressões de concordância, procurando amparar a filha.

Jonas, retomando a palavra, procurou tranquilizá-la ainda mais.

— Natália, não considere seu filho um peso. Essa criança poderá ser o motivo da sua alegria. Eu e sua mãe vamos adorar receber este neto – demonstrando otimismo, concluiu: — Esta casa estava precisando mesmo de uma criança para nos alegrar.

Após a conversa, Natália se tranquilizou e passou a enxergar a vinda do filho de outra forma, com mais esperança e entusiasmo. O instinto da maternidade acabava de se manifestar. Pelo impacto dos acontecimentos, havia pensado apenas nos problemas que teria que enfrentar com a gravidez, ignorando o grande milagre de ser mãe e o que ele proporciona.

"Amanhã à tarde vou à casa da Luzia informá-la dos acontecimentos" – pensou a moça.

4
O acidente

Na tarde seguinte, Natália chegou entusiasmada e alegre à casa da amiga, provocando curiosidade. Luzia quis saber a razão de tudo aquilo, uma vez que as duas tinham trocado apenas algumas palavras sobre os últimos acontecimentos através de uma rede social.

Cumprimentaram-se e se abraçaram. Natália contou tudo que ocorrera desde o último encontro e Luzia sugeriu:

— Não abandone o Marcelo. Você estava sendo um anjo na vida dele, uma vez foi designada para ajudá-lo nesta encarnação. Sem você, ele perderá o referencial de amor que estava encontrando.

— Como assim? – Natália perguntou curiosa.

— Amiga, sabemos que o Marcelo é imaturo e encontra na vida desregrada uma forma de chamar a atenção, principalmente dos pais que não lhe dão atenção, priorizando o irmão mais novo e se preocupando apenas em levar uma vida de ostentações. Lembro-me de que, quando eu trabalhava na padaria, ele era bem mais novo e já manifestava claramente a sua carência afetiva, procurando encobrir esse vazio com atitudes irresponsáveis. No fundo, ele sempre teve medo de que as pessoas percebessem o quanto há de carência e insegurança em sua alma.

Natália se manteve em silêncio por alguns instantes, numa postura reflexiva. Notava-se que procurava se lembrar daqueles fatos e ligá-los às atuais atitudes do ex-namorado. Finalmente disse:

— Você tem razão, Luzia. Quando deixei que ele se aproximasse de mim, nas primeiras vezes em que conversamos, foi porque encontrei nele não a pessoa depravada de que os outros falavam, mas um coração carente de amor e atenção, mas que não admitia essa carência, tentando encobri-la com atitudes fora do convencional. Você está coberta de razão! O Marcelo precisa de alguém que o ajude a encarar a vida de um modo mais maduro, com os pés no chão.

— Foi o que acabei de dizer – Luzia reforçou. — Mas, e quanto ao seu filho, o que está sentindo? O que pretende fazer?

Natália respondeu com um semblante bem sério:

— Logo que descobri que estava grávida, fiquei preocupada apenas com os problemas que teria de enfrentar. Mas, ontem, principalmente depois da conversa com meus pais, comecei a me sentir mãe e a desejar muito acolher essa criança nos braços.

Luzia sorriu e falou emocionada:

— Natália, como eu disse na última vez em que conversamos, existem sensações que só conseguimos perceber quando estamos vivendo a situação. Quem nunca foi mãe é incapaz de avaliar a grandeza desse ato. Assuma sem medo a sua gravidez. Tudo vem para nós na hora certa. Quando nos encontramos no plano espiritual, antes de reencarnarmos, nossa consciência se expande, nós nos lembramos de encarnações anteriores e daqueles aos quais estamos ligados na eternidade, seja por projetos de resgates, ou encarnações missionárias, quando programamos nossa volta a este planeta para darmos sequência à nossa caminhada evolutiva. Claro que uns não conseguem cumpri-la na totalidade; muitas vezes, seduzidos pelas tentações do mundo. Mas tudo segue seu curso sob o comando de Jesus e dos nossos mentores espirituais que estão sempre criando situações para que cumpramos nosso projeto reencarnatório, sempre respeitando nosso livre-arbítrio. Nossos mentores espirituais são o que algumas religiões chamam de anjos da guarda. Procure ouvir seu anjo, ele lhe dirá através de intuições, o que diz o termo: "Ouça a voz do seu coração".

— Que lindas palavras, Luzia! – exclamou Natália. — Onde aprendeu tudo isto?

— Eu procuro ler as obras espíritas; tanto as obras básicas, como os romances que nos trazem situações na prática, além de assistir palestras na Casa Espírita.

— Fiquei encantada, quero que você me leve à casa que frequenta.

— Com todo o prazer – respondeu a amiga.

Natália saiu revigorada. Sentia que as palavras de Luzia tinham trazido conforto, esperança e confiança para cumprir a missão de gerar e criar seu filho. Os pais já haviam transmitido segurança material, mas as palavras da amiga lhe ofereciam conforto emocional.

Quando chegou em casa, relatou aos pais a conversa que tivera com a amiga. Eles não viam com bons olhos os ensinamentos da Doutrina Espírita; afinal, tinham vivido sempre escutando seus líderes espirituais dizerem que o espiritismo era coisa do demônio, onde se faziam cerimônias macabras para invocação dos mortos. Mesmo assim não acharam oportuno repreender a filha naquele momento, porque sentiram que a conversa com Luzia havia sido positiva para a filha. Enquanto Natália pensava que os pais haviam ficado igualmente sensibilizados pelas mensagens de amor que a doutrina trazia, Jonas se limitou a dizer:

— A crença é sua, filha. Faça como achar melhor. Eu e sua mãe já temos nossas convicções religiosas.

A moça ficou um pouco desapontada, pois esperava que os pais se sentissem tocados por aquelas reflexões. Então, tratou logo de mudar de assunto, percebendo a rejeição sobre o tema.

À noite, Natália se sentiu amparada e principalmente amada. Teve sonhos de felicidade com o futuro filho e fez planos para a sua chegada.

Algum tempo se passou e Marcelo não procurou mais a ex-namorada. Os amigos davam notícias do rapaz, que voltara a se dedicar às farras e bebedeiras.

Numa tarde em que Natália trabalhava atendendo clientes na padaria, alguns jovens chegaram comentando sobre uma notícia que havia "caído como uma bomba" no meio político da cidade. Um deles, mais próximo aos proprietários do estabelecimento, procurou Natália dizendo:

— Sabe que o senhor Guilherme, pai do Marcelo, foi preso?

— Não, não sei – respondeu a moça, procurando disfarçar o interesse pela notícia.

— Houve um escândalo na prefeitura. O prefeito e seus assessores diretos já vinham sendo investigados por fraude em licitações nas obras da cidade. Alguns assessores foram presos, inclusive o senhor Guilherme que era o braço direito do prefeito. Este só não foi preso porque tinha foro privilegiado.

Natália fingiu não se importar com a notícia, mas sentiu alguma coisa dentro de si que a deixou transtornada. Sabia que aquela notícia interferia em toda a família de Guilherme, principalmente em Marcelo que dependia das mesadas para manter sua vida desregrada.

Em pouco tempo toda a cidade comentava o escândalo, uns satisfeitos porque a justiça estava sendo feita, outros procuravam defender os envolvidos por estarem levando vantagens no esquema de corrupção, e outros por vislumbrarem alguma vantagem com a manutenção do esquema.

Natália, apesar de satisfeita porque a justiça se fazia, pensava no ex-namorado, pois alimentava esperanças de que após o nascimento do filho Marcelo pudesse mudar de vida e assumir seu papel de pai, participando da vida dela e da criança.

Com a prisão de Guilherme, os hábitos na casa de Sofia mudaram. A casa permanecia sempre fechada e, quando alguém batia, ninguém atendia. Até Marcelo raramente aparecia nas rodas de amigos, que procuravam não tocar no assunto. Alguns passaram a evitá-lo.

Os tempos passavam e as necessidades aumentavam na família de Sofia acostumada à vida em alto padrão. Thiago trancou a matrícula na faculdade, procurando um trabalho para contribuir com as despesas, mas pouco ajudava.

Apesar das dificuldades da família, Marcelo, vez por outra, aparecia nas farras se embriagando e se envolvendo em confusões e brigas, principalmente quando alguém tocava no assunto da corrupção na cidade.

Era um sábado que coincidia com a folga semanal do funcionário da padaria que confeccionava o pão. Nesses dias, Rafael e Claudio saíam de casa de madrugada para substituírem o padeiro que começava o trabalho às quatro da madrugada. Como de costume, os dois saíram de casa numa Kombi que era usada para entrega de pães e outras mercadorias em mercearias e demais estabelecimentos da cidade. Quando entraram na avenida da padaria ela estava deserta. Quase chegando ao destino, um veículo atravessou a via em alta velocidade e colidiu com a kombi dos rapazes, que capotou em seguida.

Os veículos disputavam um "pega" e, após a colisão, abandonaram rapidamente o local. Com o barulho da colisão e do capotamento, os moradores das casas vizinhas acordaram e prestaram socorro aos feridos. O resgate foi chamado e conduziu os dois irmãos ao pronto-socorro. Rafael, com vários ferimentos, mas consciente, e Claudio totalmente inconsciente.

Um dos vizinhos ligou para a família. Jonas, ao ouvir o telefone tocar, apesar do horário, não se assustou, imaginando que os filhos pudessem ter esquecido alguma coisa em casa, mas Raquel se levantou imediatamente da cama para acompanhar a conversa do marido ao telefone:

— Alô, Jonas. Aqui é o Carlos. Desculpe ligar a essa hora, mas é que houve um acidente com seus filhos aqui em frente à minha casa. Mas fique tranquilo, pois eles já estão sendo conduzidos ao pronto-socorro.

— Meu Deus! Obrigado por avisar, Carlos. Eu estou indo para aí.

— Não venha para cá, Jonas. Vá para o pronto-socorro, pois eles já estão sendo encaminhados para lá.

— Como estão meus filhos? Estão bem?

— Não sei lhe dar uma informação precisa, mas parece estarem bem.

Carlos não quis assustar o amigo, mas percebeu que Rafael parecia estar bem, mas previra que o estado de Claudio não era bom. A batida ocorrera do lado em que ele estava, atingindo diretamente o rapaz.

— Pode deixar que eu tomo as outras providências aqui.

A essa altura da conversa, Jonas estava pálido como cera e Raquel chorava desesperadamente.

Natália acordou.

— Que foi, mãe? O que aconteceu?

— Um acidente com seus irmãos, minha filha. Eles estão sendo encaminhados para o pronto-socorro.

— Como foi, mãe?

— Não sabemos ainda. Foi o Carlos, vizinho da padaria, quem ligou. Não temos tempo, filha. Vamos imediatamente ao pronto-socorro.

Jonas dirigia mecanicamente. Em seu pensamento, vinham mil coisas, enquanto Raquel e a filha se abraçavam procurando forças uma na outra.

Finalmente Raquel falou:

— Por que isso foi acontecer com nossos filhos? Dois rapazes trabalhadores e dedicados, enquanto que com outros, que só fazem bobagens, nada acontece...

As palavras de Raquel deixavam clara a insinuação sobre Marcelo. Natália percebeu, mas não fez nenhum comentário, apesar de não concordar com o julgamento precipitado da genitora. A filha não percebia que aquelas palavras partiam da intuição de um coração de mãe.

— Calma, mãe, não é hora disso. Vamos nos preparar para cuidar dos dois, eles precisarão de nós para se recuperar.

Ao chegarem ao pronto-socorro, logo procuraram notícias dos rapazes. Após consultar no computador, a moça da recepção perguntou:

— A senhora é a mãe dos jovens acidentados agora há pouco?

— Sim, sou eu – Raquel respondeu aflita, amparada por Jonas e Natália.

— O Rafael está bem. Encontra-se em observação na sala ao final do corredor e...

Raquel não esperou a moça terminar de falar e foi logo perguntando por Claudio.

— Dona Raquel, o Rafael vocês podem vê-lo na sala de observação, mas o Claudio acabou de entrar para a sala de cirurgia.

— Quero saber notícias do meu filho – a mulher falou em desespero.

— Senhora, eu sei apenas que ele teve traumatismo craniano e que foi levado para o centro cirúrgico. Maiores informações somente com os médicos que estão operando seu filho.

Quando chegaram à sala onde Rafael estava, o rapaz chorava muito e se desesperou ao ver a família. Abraçando a todos, dizia com dificuldade entre os soluços.

— Mãe, o Claudio está muito mal. Tem um grande ferimento na cabeça. Tentei saber qual é o quadro dele, mas ninguém diz nada. Dizem para eu ficar tranquilo que ele está sendo bem atendido...

Nesse instante, chegou Laura, namorada do Rafael, que o abraçou demonstrando alívio em vê-lo bem. Raquel e Natália choravam a ponto de não conseguirem dizer nada. Jonas, que se encontrava mais calmo, perguntou:

— E você, Rafael, como está? Sente alguma coisa?

— Não, pai. Não se preocupe comigo. Eu estou bem, apenas com pequenas escoriações no braço, nada grave. Precisamos é de notícias do Claudio.

Jonas novamente procurou a recepção tentando falar com alguém que desse alguma informação sobre o filho, mas nada conseguiu. Entretanto, uma enfermeira disse:

— Senhor, está na hora de o médico avaliar os pacientes em observação. Converse com ele, talvez informe alguma coisa.

Ao chegar à sala de observação, o médico deu alta para Rafael, mas também não deu nenhuma informação. Entretanto, encaminhou a família para uma sala de espera em frente ao centro cirúrgico, dizendo que quando terminasse a cirurgia os médicos dariam as informações.

A espera aumentava a aflição da família, que aguardava por cerca de duas horas quando saiu um médico. Pela expressão, era o chefe da equipe que atendera Claudio.

— Vocês são da família do Claudio? – ele perguntou.

Ansiosamente Jonas e Rafael responderam ao mesmo tempo:

— Sim, doutor, somos nós.

O médico mantinha uma expressão séria e pensou um pouco, como se escolhesse as palavras a dizer:

— O filho de vocês sofreu um forte traumatismo na cabeça, inclusive com perda de massa encefálica. O quadro é muito grave e vai depender de como o organismo dele vai reagir. Não podemos adiantar nada por enquanto. Ele se encontra em coma e as primeiras horas após a cirurgia serão decisivas; teremos que esperar. Ele será transferido para a UTI e não podemos liberar as visitas por enquanto. Portanto, sugiro que vão para suas casas e aguardem novas notícias, o hospital entrará em contato se houver qualquer mudança no quadro do paciente.

Jonas e Rafael queriam mais detalhes, mas o médico repetiu as mesmas palavras:

— Não podemos dizer nada agora. Teremos que aguardar. Por enquanto, o quadro dele está estabilizado.

Aquelas palavras aumentaram ainda mais a angústia da família que esperava uma notícia mais animadora. Raquel foi quem falou:

— Eu não vou para casa. Quero ficar e acompanhar daqui. Não abandonarei o meu filho – e todos concordaram em ficar.

Na portaria, muitos parentes e amigos estavam ali para prestarem solidariedade e saberem notícias de Rafael e Claudio. A família não queria arredar pé da porta da UTI temendo uma má notícia sobre o estado de saúde do rapaz.

5
Desígnios de Deus

Já passavam das quatro da tarde quando começou uma movimentação diferente na unidade. Médicos e enfermeiros entravam e saíam apressadamente. A família, apreensiva, buscava por informações, quando um médico falou que o estado do paciente havia se agravado ocorrendo inclusive várias paradas cardíacas.

Natália se lembrou das palavras de Luzia e convocou a todos para fazerem uma oração. A família não tinha esse hábito, mas naquela hora os parentes se reuniram em preces, fazendo promessas a Deus. Ainda oravam quando o médico saiu, tirou a máscara, chamou Jonas e disse:

— Sinto muito, senhor Jonas! Seu filho não resistiu. Fizemos tudo que pudemos, mas tem coisas que não estão em nossas mãos. Seja forte e procure manter a calma entre os familiares. Afinal, são os desígnios de

Deus e Ele dará conforto a vocês – em seguida, completou: — Senhor Jonas, seu filho era jovem, deixou a vida com quase todos os órgãos em perfeito estado, enquanto existem pessoas que necessitam de órgãos saudáveis para continuarem vivendo. Os do seu filho já serviram a ele enquanto viveu, mas agora não terão mais utilidade. A família autorizaria a doação desses órgãos para que possam salvar outras vidas?

Jonas consultou os familiares e em seguida disse ao médico:

— Nós concordamos, doutor.

O médico agradeceu e apresentou uma declaração por escrito.

— Então, por favor, assine este documento autorizando a doação.

O documento foi assinado e a ação serviu de alento à família, que se sentiu um pouco mais confortada, consciente de que Claudio, mesmo depois do falecimento, continuaria a ajudar os necessitados, além do sentimento de que ele vivia nos corpos de outras pessoas.

O sepultamento foi marcado para o dia seguinte e o velório foi marcado por grande comoção. A população do bairro compareceu quase na totalidade. Alguns mais indiscretos insistiam em demonstrar ódio e repúdio a quem havia causado o acidente quando cumprimentavam a família, insinuando quem poderia ser o causador daquela tragédia. Os amigos de Claudio deram uma demonstração de solidariedade e carinho fazendo homenagens ao amigo que partia.

Terminada a cerimônia do sepultamento que foi realizada por um padre da igreja católica do bairro, a família retornou para casa. Tudo havia acabado. A sensação era a de que estavam vivendo um sonho, que aquilo não era realidade, mas com a lacuna deixada pela partida de Claudio a dor se tornava mais intensa. Momentos de aceitação se alternavam com sentimentos de revolta, questionamento a Deus e até blasfêmias.

Os fatos aconteceram muito rapidamente e agora o que restava era a saudade. A padaria "Pão nosso" permaneceu fechada por três dias em sinal de luto.

Após a prisão de Guilherme, Thiago passara a orientar a família. Precisavam de recursos para custear as despesas com advogados e libertar o pai, uma vez que naquele momento os amigos haviam virado as costas, deixando-os desamparados, principalmente o prefeito que, em sua defesa, procurava incriminar ainda mais os assessores, alegando que não tinha conhecimento das irregularidades e que a iniciativa das práticas ilegais havia partido deles.

Nessa época, a economia do país havia mergulhado numa recessão motivada principalmente por esquemas de corrupção nas esferas mais altas do governo, o que dificultava transações de maior vulto.

Thiago, orientando a mãe, aconselhara a venda da casa e dos bens de menor valor, como os veículos da família, principalmente o carro de luxo do Marcelo. Sofia, seguindo as orientações do filho, havia procurado um corretor para colocar a casa a venda, acertando o preço e as condições do pagamento e impondo uma condição:

—Não quero que coloquem placa de vende-se em frente à minha casa, peço que divulguem por outros meios.

—Precisamos divulgar de todas as formas, pois assim teremos mais chances de efetivar a venda – argumentara o corretor.

—Não quero que esses vizinhos fiquem sabendo que estamos vendendo a casa. Além disso, essa gentinha aqui do bairro não tem condições financeiras para comprá-la.

— Mas quando vender a casa, eles vão ficar sabendo, dona Sofia.

— Quando vendermos a casa, vamos nos mudar em seguida e eles não terão oportunidade de perceber que estamos em dificuldades financeiras.

— Como queira, dona Sofia – respondera o corretor, percebendo a razão pela qual a mulher impunha aquela restrição.

Sofia reunira os filhos informando a decisão de venderem os veículos, principalmente o de Marcelo que, por ser o mais valioso, renderia mais dinheiro e poderia suprir as necessidades financeiras até a venda da casa.

— Não quero vender meu carro – dissera o rapaz.

— Como vou viver sem ele?

Sofia, tomando a palavra, procurara confortá-lo:

— Compraremos outro de menor valor. Assim você não ficará a pé.

Marcelo havia reagido sem sucesso. A situação exigia o sacrifício e ele não tivera como argumentar. Marcelo deveria levar o veículo na próxima segunda-feira a uma agência que iria promover a venda. A conversa ocorrera numa sexta-feira à tarde e o rapaz pensou: "Vou me despedir do carro. Saio à noite e aproveito ao máximo, afinal será o último fim de semana com ele".

À noite, ele saíra com uma garota, bebera bastante e, após o programa, reunira-se com os amigos, tomando mais bebida alcoólica. Já era madrugada quando, ao se despedir, convidara um amigo para disputarem um "pega" em despedida do carro.

Antes de chegarem ao ponto combinado, fora dada a largada. Ao cruzarem a avenida em alta velocidade era o exato momento em que a kombi da padaria passava pelo local e houve a colisão. O carro de Marcelo sofrera pequenas avarias, permitindo que o rapaz fugisse do local, pois estava visivelmente alcoolizado.

No momento em que Carlos acionara o socorro para os rapazes, fizera-o também à polícia que, após averiguações, lavrou o boletim de ocorrência, apesar de não ter identificado o veículo que havia provocado o acidente. O boletim foi logo encaminhado à polícia civil que passaria a investigar o caso.

As suspeitas recaíram principalmente sobre Marcelo, devido ao depoimento de pessoas do bairro que informaram que o rapaz sempre se envolvia naquele tipo de delito em altas horas da madrugada.

Marcelo passara em casa, avisara à mãe que havia se envolvido em um acidente, mas que nada sofrera. A seguir, tomou destino ignorado para fugir de um possível flagrante caso tivesse sido identificado por alguma testemunha.

Decorrido o prazo em que se considera flagrante, o rapaz, acompanhado de um advogado, apresentou-se na delegacia de polícia próxima de sua casa.

O inquérito foi instaurado e Marcelo indiciado por homicídio culposo e embriaguez ao volante, entre outros crimes, uma vez que, contrariando as instruções do advogado, caiu em várias contradições durante o interrogatório e acabou se complicando. Mesmo assim ficou determinado que respondesse ao processo em liberdade.

Em alguns momentos após o acidente, Cláudio tinha lampejos de lucidez. Inicialmente sentiu um enorme pânico percebendo a vida se exaurir, apesar de sentir que não estava sozinho, pois percebia a presença de alguém muito querido lhe confortando e encorajando a transpor o portal da vida.

Aos poucos, essas entidades, antes desconhecidas, foram se tornando familiares. Ele sentiu a presença da avó falecida há muitos anos. Sentiu também a presença de um tio que falecera poucos anos atrás. Mesmo assim não queria partir, recusava a ideia da morte uma vez que se via lúcido, sentindo inclusive a extensão de seu corpo.

Lentamente o pânico foi dando lugar a uma paz indescritível. Ele ouvia uma música suave que nunca tinha ouvido e via os médicos tentando reanimar seu corpo. Quando o coração parava, Claudio tentava interferir, mas eles não o percebiam. Assim foi até os aparelhos não mais registrarem a presença de vida corpórea.

A paz só foi interrompida quando viu os familiares em desespero na sala ao lado; queria tranquilizá-los, mas não conseguia. Quando uma legião de entidades angelicais cortou o cordão fluídico que o ligava ao corpo, ele se sentiu finalmente livre, porém não poderia partir deixando seus entes queridos em estado de desespero. Amava-os muito para deixá-los naquele estado.

Após o desligamento, Claudio insistiu em permanecer junto à sua família de carne apesar dos amigos espirituais tentarem conduzi-lo ao plano espiritual.

6
A mensagem

Em casa, os pais e irmãos ainda não haviam se conformado com o desencarne, fazendo comparações com outras pessoas que julgavam mais merecedoras da morte, questionando a justiça divina e às vezes blasfemando contra os desígnios de Deus.

Claudio, por sua vez, ainda abalado pelo recente desencarne, apesar das orientações dos amigos espirituais, tentava de todas as formas informar aos familiares que continuava vivo.

As tentativas do recém-desencarnado de se comunicar com os familiares encarnados não tinham êxito. Apesar de alguns sentirem a sua presença – como no caso de Raquel, que às vezes dizia perceber a presença do filho – não conseguia captar nenhuma comunicação que pudesse lhe servir de conforto.

Claudio sentia uma profunda angústia ao ver seus entes queridos em desarmonia, o que os deixava suscetíveis ao ataque de entidades trevosas que os induziam a sentimentos de revolta e sofrimentos exacerbados, chegando a provocar conflitos entre eles.

Essa preocupação não permitia que o rapaz se desligasse da esfera material e partisse para o plano espiritual a fim de dar sequência à sua missão junto aos afetos da espiritualidade.

Nessa época, Luzia já estava mais assídua à Casa Espírita e sua mediunidade havia se tornado mais ostensiva. Às vezes, ela recebia mensagens de irmãos necessitados do plano espiritual.

Em uma noite, Natália, em suas reflexões, lembrou-se da amiga exatamente no momento em que Luzia colocava sua mediunidade a serviço dos desencarnados que se manifestavam na Casa Espírita, à procura de orientações para seguirem seus caminhos no bem, ou se desvencilharem de obsessores que os mantinham sob seu jugo, vampirizando-os nos mais diversos sentidos, onde sorviam as energias deletérias que os nutria[1].

Seguindo as vibrações da irmã, Claudio chegou à Casa Espírita onde Luzia atuava. Médium de psicografia, a moça cedia suas faculdades para que os desencarnados se manifestassem. Outros médiuns

[1] Espíritos obsessores são acolhidos e doutrinados na Casa Espírita e assim libertam seus obsidiados.

também, sob a inspiração de Espíritos do bem, acolhiam, orientavam e encaminhavam os necessitados às trilhas do perdão, da caridade e do amor.

Havia uma fila de irmãos para serem atendidos. Claudio aguardou a sua vez, tímido, sem saber como agir. Quando se viu diante de Luzia, a moça estremeceu. Percebeu que era uma entidade familiar que estava ali, mas não conseguiu identificá-lo.

O recém-desencarnado, imaginando que não fosse percebido como acontecia com seus familiares, usou a mão da médium e começou a escrever por intermédio dela:

Queridos do meu coração, Raquel minha mãezinha querida, meu pai Jonas e meus irmãos Natália e Rafael, estou muito bem. Não chorem por mim; estou sempre com vocês e os amo muito. Estou sendo amparado por anjos que me acompanham e me orientam desde os primeiros momentos de minha passagem. A vovó Carolina e o tio Alberto também estão comigo, dedicando-me muito amor e carinho.

Queridos, peço também que não fiquem procurando as causas do meu desencarne, nem condenando ninguém, porque tudo segue um curso preestabelecido que sempre nos conduz à evolução. Às vezes atropelamos este curso quando agimos de forma contrária às leis do amor que nosso mestre Jesus nos ensinou, atrasando nossa caminhada em direção ao amor pleno.

A justiça dos homens cumpre seu papel punindo aqueles que transgridem suas leis, mas Deus encaminha as coisas, fazendo com que esta justiça se torne uma escola para redenção daqueles que ainda não aprenderam a caminhar na estrada do bem e do amor. Perdoem e deixem que a justiça se encarregue de aplicar as correções àqueles que precisam de um aprendizado maior.

Após o acidente, senti um forte impacto na cabeça e perdi os sentidos. Voltei a sentir lampejos de consciência na maca do hospital. Vi quando os médicos diziam que meu caso era muito grave e que se eu sobrevivesse ficaria com muitas sequelas, que podia ficar cego, paralítico, ou até mesmo viver em estado vegetativo, inconsciente, totalmente dependente das outras pessoas.

Por isso agradeço a Deus por ter me libertado desse corpo que não mais me seria útil, além de causar muito sofrimento às pessoas que amo.

Senti, meus queridos, que minha missão na Terra havia terminado e que ela continuaria onde eu estivesse de forma mais intensa e realizadora.

Agradeço a Deus também por ter tido vocês como minha família; mãezinha Raquel que me deu seu carinho da forma como sabe dar.

Ao meu pai Jonas que nos transmitiu os mais sólidos valores morais, fazendo-nos pessoas honestas, no mais alto padrão de dignidade.

Meu irmão Rafael que sempre esteve no controle daquela abençoada casa, a padaria "Pão nosso", que foi nosso trabalho, nossa escola, nosso ponto de encontro com amigos que sempre foram nossos professores na arte da convivência social, a quem agradeço também.

À minha querida irmãzinha que com sua meiguice nos envolveu em seu amor.

Ao meu sobrinho que está para nascer, desejo muito amor e felicidade. Saiba, irmãzinha, que ele será muito bem recebido por todos nós. Cuide dele com todo o amor que tem no coração.

À minha cunhada Laura, peço que cuide do Rafael com muito amor, você é a estrela que sempre brilhará na vida dele.

Agradeço em especial à amiga Luzia que me deu a oportunidade de me comunicar com minha família por meio desta carta. Você foi e sempre será a luz a guiar os queridos do meu coração.

Peço à minha mãezinha Raquel que pegue um livro "A força do amor" que está na terceira gaveta da estante da sala e entregue à minha querida Luísa, minha eterna namorada. Ela saberá, por intermédio deste livro, a mensagem que tenho para ela. Diga-lhe que a amo muito.

Agradeço a Jesus e seus Espíritos de luz por esta oportunidade de, por meio desta mensagem, matar a saudade de todos.

Até um dia... Que Jesus e os Espíritos de luz estejam sempre conosco.

Claudio.

Luzia ficou extremamente emocionada. Era a primeira vez que recebia uma mensagem de uma pessoa conhecida e desencarnada tão recentemente.

"Tenho que encaminhar esta mensagem o mais rapidamente possível à família", pensou e ligou para Natália dizendo:

— Preciso falar com você e sua família com urgência.

— Que foi, Luzia? Aconteceu alguma coisa? – a amiga perguntou assustada, imaginando ser alguma coisa relacionada ao Marcelo.

— Não posso adiantar o assunto, mas não é nada relacionado ao Marcelo, fique tranquila – Luzia falou, sentindo a preocupação de Natália. — Vocês podem me receber aí em sua casa ainda esta noite?

— Sim. Claro. Pode vir; estamos todos aqui.

Imediatamente a médium se dirigiu à casa dos amigos, ansiosa e bastante emocionada. Ao chegar, foi recebida por Raquel, que não sabia do telefonema porque Natália tentava preservar os pais, pensando que se fosse algum problema relacionado ao Marcelo, deveria ficar somente entre ela e Luzia.

— Boa noite, Raquel! Desculpe lhes procurar a esta hora, mas preciso muito falar com vocês. Natália não os avisou?

— Não. Não disse nada.

Nessa hora, Natália também chegou à porta, tentando fazer um sinal à amiga para que a conversa ficasse somente entre elas. Luzia, percebendo, disse:

— Não se preocupem. A notícia que trago é muito boa. Sua família vai ficar mais confortada.

Natália, mais aliviada, convidou a amiga para entrar e se acomodarem no sofá da sala. A seguir foi chamar o pai e o irmão. Ao se reunirem na sala, Luzia falou:

— Meus amigos, nossa amizade é desde os tempos em que eu trabalhava na padaria. Nunca perdi o contato com Natália e respeito às convicções religiosas da família. Entretanto, aconteceu um fato que não posso deixar de lhes comunicar.

Luzia tirou da bolsa uma folha de papel escrita a lápis e falou:

— Tenho uma carta para vocês.

— O que é? – perguntou Raquel.

— Prefiro que leiam. Vocês vão entender.

Natália pegou a carta ainda temendo que se tratasse de alguma coisa que fosse fazer mal aos pais, tão fragilizados naquele momento. Interromperia se fosse necessário para preservá-los, mas logo percebeu que se tratava de uma mensagem espírita e, já conhecendo um pouco a doutrina, perdeu o receio, passando a ler em voz alta.

À medida que lia, a emoção tomava conta de todos que choravam emocionados, inclusive Natália, que precisava interromper em alguns trechos devido às lágrimas que lhe impediam vez por outra a visão.

Ao terminar de ler, os familiares de Claudio se encontravam abraçados, tomados de uma emoção que os mantinham estáticos, sem reação, até que Raquel, procurando um fato que comprovasse a autenticidade da mensagem, abriu a gaveta da estante indicada na carta e, após retirar alguns livros que estavam por cima, se deparou com o livro que Claudio havia mencionado.

Nesse momento, a emoção se intensificou porque ainda restava uma ponta de incredulidade que foi desfeita após a confirmação, apesar da caligrafia que correspondia à caligrafia do filho. Houve um momento de silêncio para que pudessem se refazer da perplexidade. Luzia, no momento oportuno, passou a explicar a razão porque Claudio se mantinha preso à Terra devido a não aceitação e principalmente à revolta da família, o que lhe causava aquela apreensão. Tentando se fazer entender, disse:

— Senhor Jonas, imagine que tenha de fazer uma viagem e que, ao sair, sua família se encontre em desarmonia e revolta. O senhor talvez nem fosse viajar, ou se fosse, como se sentiria na viagem?

Não houve respostas, mas todos entenderam a que Luzia se referia, explicando porque Claudio se recusava a partir.

Raquel foi quem se justificou:

— Estamos tristes porque amamos muito o Claudio e não temos controle de nossos sentimentos.

— É natural que choremos o afastamento de nossos entes queridos, Raquel, mas depende de como encaramos o desencarne; se como um castigo ou uma libertação onde o Espírito se desprende de um corpo de carne que o limita. Imagine se você se encontra em uma prisão junto com um grande amigo e este termina de cumprir a pena e é posto em liberdade. Seria um egoísmo se quisesse que continuasse preso apenas para lhe fazer companhia, sabendo que um dia terminaria também a sua pena e estaria em companhia do amigo, onde a liberdade poderia ser desfrutada sem as amarras da prisão.

Após as explicações de Luzia, todos manifestaram uma expressão de conforto e esperança. Os ensinamentos haviam provocado a visão sob uma ótica até então desconhecida. Jonas foi quem falou:

— Desculpe-nos, Luzia. Nós nunca nos dedicamos aos deveres religiosos. Crescemos ouvindo que o espiritismo é coisa do demônio e é pecado a comunicação com os mortos, que eles se encontram dormindo até serem despertados no juízo final, quando haverá o julgamento em que os bons vão para o céu e os maus condenados ao fogo eterno do inferno.

— Senhor Jonas, se um dos seus filhos cometesse uma falta grave, o senhor os condenaria eternamente ou lhe daria a oportunidade de repará-la?

Jonas pensou em Natália, que recentemente os havia agredido com palavras duras quando procuraram protegê-la de um envolvimento com uma pessoa que não cultuava os mesmos valores morais da família. A moça se mostrara agressiva, chegando a ofendê-los, e foi imediatamente perdoada, antes mesmo de se retratar. E respondeu com convicção:

— Eu perdoaria e daria uma nova oportunidade de reparação.

— Então, senhor Jonas. Se nós que somos imperfeitos perdoamos e damos novas chances, imagina Deus, um ser perfeito que ama incondicionalmente através de um amor que não temos condições nem de imaginar, nos condenaria eternamente?

Luzia, aproveitando uma pausa da conversa, se despediu. Afinal, a família precisava de privacidade para avaliar o conteúdo da carta de Claudio. Saiu ainda tocada pela emoção e a sensação do dever cumprido.

Ali estava jogada a semente do amor que em tempo oportuno iria germinar num terreno de corações sulcados pela dor, regado pelas lágrimas e adubado pela saudade.

Após a saída de Luzia, eles liam e reliam a carta de Claudio como se tentassem descobrir alguma coisa que havia passado despercebido nas entrelinhas. A autenticidade da mensagem tinha sido comprovada porque ninguém sabia da existência daquele livro na estante em que somente Claudio guardava seus objetos, principalmente livros e recordações afetivas.

Lá se encontravam fotos antigas que registravam momentos importantes de sua vida, como a primeira comunhão, a formatura na escola primária junto às professoras e colegas. Dentre as lembranças, havia um álbum de fotografias que a mãe havia montado registrando desde o nascimento, a fase de crescimento e desenvolvimento de Claudio, sempre alegre fazendo gracinhas juntos aos pais e irmãos. As festinhas de aniversários, momentos de carinho junto à família. Claudio tinha um carinho especial pela irmã sempre aparecendo nas fotografias ao seu lado.

Aquelas lembranças remetiam a um período onde a modalidade de vida era diferente; as roupas das crianças, os primeiros tempos da padaria "Pão Nosso", os amigos com quem não tinham mais contato, uns até que já haviam partido desta vida. Tudo mostrava como foram felizes apesar de pequenas dificuldades.

Como a padaria havia crescido e se modernizado no correr dos anos...

Tudo remetia a um período feliz, trazendo conforto, esperança e um sentimento de gratidão pela vida.

7
Decepções e aprendizados

As dificuldades financeiras na casa de Sofia se agravavam. O advogado constituído para defender Marcelo passou a exigir cada vez mais dinheiro, alegando necessidade de subornar profissionais do judiciário e da administração carcerária para que Guilherme tivesse mais regalias na prisão, além de subsidiar um plano de fuga onde os detentos precisavam da conivência de carcereiros e outros agentes penitenciários.

Um grupo de detentos, percebendo que Guilherme tinha recursos financeiros, passou a obrigá-lo a arcar com as despesas de maior vulto, inclusive a chantagear o prefeito no sentido de conseguir mais dinheiro.

Doutor Renato, advogado de Guilherme, passou a desempenhar o papel de elo entre presidiários e a administração municipal, fazendo o próprio prefeito de refém, sob ameaça de delação de Guilherme, o que o colocaria em situação ainda mais delicada, uma vez que enfrentava um processo de cassação do mandato instaurado na câmara municipal.

Doutor Gilson, prefeito municipal, estava cada vez mais pressionado, tendo que conseguir mais recursos para atender às exigências tanto de Guilherme e seus colegas de cela, quanto dos vereadores que, percebendo a fragilidade do chefe do executivo, passavam a exigir somas ainda mais elevadas para votarem favoravelmente a ele.

Numa tarde, Renato recebeu um telefonema de Sofia:

— Doutor Renato, eu preciso lhe falar com urgência.

— De que se trata, dona Sofia?

— Venha em minha casa, o assunto tem que ser tratado pessoalmente.

Pela entonação de voz da cliente o advogado percebeu que o assunto era delicado e logo se dirigiu para lá. Ao chegar e se cumprimentarem formalmente, Sofia disse:

— Doutor Renato, quando o corretor foi analisar os documentos, constatou que a casa não está em nome do Guilherme. Eu não acompanhava os negócios do meu marido, por isso nunca fiquei sabendo disso. A casa está em nome de uma pessoa chamada Manoel. Desconfio que seja um primo do Guilherme.

— Dona Sofia, mostre-me os documentos.

Ao analisar os papéis, constatou-se que a desconfiança de Sofia fazia sentido. Depois de breve reflexão, Renato disse:

— Tudo indica que seu marido colocou a casa em nome do primo porque não tinha como explicar a origem do dinheiro para o pagamento de transações envolvendo altas quantias. Essas pessoas como esse Manoel são chamadas popularmente de “laranjas”.

— Como faremos então para vender a casa?

— Temos que procurar essa pessoa. Tudo dependerá dela porque esse tipo de negócio costuma ser feito verbalmente, ficando apenas na confiança entre os envolvidos. Tudo dependerá desse senhor Manoel. Você o conhece?

— Ele esteve aqui com meu marido algumas vezes, mas isso faz muito tempo. Depois não apareceu mais, apesar de o Guilherme sempre falar dele.

— Vou ao presídio conversar com seu marido e saber as condições em que ele realizou o negócio. Depois veremos como proceder.

Sofia estava extremamente nervosa. Não sabia o que seria de sua vida e dos filhos dali para frente. Na tarde seguinte, Renato procurou a mulher e disse:

— Dona Sofia, estive em visita ao Guilherme e ele me informou que realmente teve de colocar a casa em nome do primo, e que houve um acordo entre eles de que vocês poderiam usá-la por um período de dez anos. Vencendo esse prazo, ela seria entregue ao senhor Manoel, que teria posse plena do imóvel. Para vender a casa, depende de negociação com o proprietário legal, mas não acredito que ele aceite, devido ao prazo do contrato estar expirando. Portanto, vocês têm menos de dois anos para devolver a casa.

— Eu não acredito nisso! Quero falar com o meu marido. Vou esperar o dia de visitas e falo pessoalmente com ele.

— Não será necessário. Ele lhe mandou esta carta, veja a caligrafia.

Sofia leu a carta e exclamou exaltada:

— Não pode ser! Como vou arcar com todas as despesas? Não esperava que Guilherme fizesse isso com a gente. Agora terei de continuar morando aqui e tolerar a cara dessa gentinha que se vangloria de nossa desgraça?... Eu e meus filhos não merecemos uma humilhação dessas.

Renato saiu dali pensando em como poderia ganhar mais dinheiro nos desdobramentos do caso que se iniciara com a prisão de Guilherme.

Sofia chamou os filhos e os informou sobre a situação em que a família se encontrava, pedindo a compreensão e a ajuda dos outros dois, uma vez que Thiago já contribuía como dava, mas Marcelo e Reinaldo também teriam que assumir as responsabilidades.

Reinaldo, acostumado com a bajulação da mãe que o superprotegia, fez uma cara irônica. Marcelo, agora envolvido com a justiça e transtornado por provocar a morte de Claudio, ficou em silêncio. A figura de Natália cada vez mais tocava seu coração. Ele alimentava a esperança de uma reconciliação, sonhando também com o futuro filho, fruto do amor que sentia pela ex-namorada e que ainda lhe era incerto.

Depois de receber a mensagem, a família de Jonas foi aos poucos se conformando e se tranquilizando ao saberem que o filho se encontrava bem assistido no plano espiritual e, sobretudo, aceitando os desígnios de Deus.

Vez por outra, ocorria uma recaída, mas eram sentimentos passageiros que não os levavam ao desespero de antes. Isso ocorria porque, apesar das evidências, principalmente Jonas e Raquel ainda tinham dúvidas sobre a autenticidade da carta de Claudio, influenciados pelos dogmas de sua crença que insistia e negar a comunicação com os desencarnados e da ameaça de pecado àqueles que os invocassem ou até mesmo que acreditassem nessa comunicação.

Apesar da resistência da família, Claudio sentia que não havia mais aquele desespero, nem o clima de insegurança dos primeiros dias após o seu desencarne. Feliz por ter alcançado seu objetivo, tranquilizando a família, o filho de Jonas se deixou conduzir por amigos espirituais. Chegaram a uma cidade com construções suntuosas onde pessoas se tratavam com gentilezas, sempre com um sorriso nos lábios como se dessem boas-vindas ao recém-chegado.

Uma moça, que aparentava ter a mesma idade do rapaz, foi quem o recebeu. Procurando demonstrar atenção e carinho, informou:

— Sou Sandra. Estarei sempre com você aqui.

Claudio estranhou porque a comunicação se fazia de mente para mente. Sandra imediatamente respondeu sem a necessidade das palavras:

— Claudio, aqui nós nos comunicamos usando apenas a linguagem mental.

O rapaz refletiu um pouco e quando ia perguntar: "Onde estou? Que lugar é este?", a moça novamente respondeu usando a mente:

— Estamos na colônia espiritual, meu querido.

Algumas perguntas não eram respondidas e Sandra apenas se limitava a um sorriso, demonstrando simpatia. O rapaz ficou maravilhado e pensou bem-humorado: "Aqui não temos a oportunidade de mentir, pois logo a mentira será descoberta".

A moça sorriu demonstrando achar graça na colocação do rapaz, mas respondeu com seriedade:

— Claudio, as mentiras são próprias da nossa vida enquanto encarnados. Aqui, além de não existir uma forma de mentirmos, não temos necessidades disso. Aqui existe a sinceridade e muito amor.

O rapaz ficou um pouco constrangido pelo pensamento, mas logo foi esclarecido por Sandra de forma carinhosa.

— É natural, meu querido. Você ainda vai conhecer muitas outras coisas. Isto não quer dizer que somos melhores quando estamos aqui; apenas que estamos mais adaptados à vida sem a matéria. Agora vamos. Você precisa se recuperar de sua passagem, pois ela foi muito traumática. Sandra passou a mostrar as construções suntuosas, explicando quais as suas funções. Ao chegarem a um prédio com aparência de um hospital do plano terreno, o rapaz falou em pensamento:

— Por que está me conduzindo a um hospital? Eu não estou doente...

Sandra apenas sorriu.

Ao entrarem, Claudio foi conduzido a um quarto iluminado por uma luz suave, uma música que ele nunca tinha ouvido penetrava nas fibras do seu espírito. Havia uma cama com lençóis muito brancos e caprichosamente estendidos.

— Venha e veja porque o trouxe aqui. Observe em sua cabeça – ela disse, conduzindo o rapaz até um grande espelho fixado numa das paredes.

— O que é isso? Há uma ferida enorme na minha cabeça. Estou vendo parte do meu cérebro...

Claudio se mostrou assustado, mas a moça, com um ar maternal, o conduziu ao leito. Nesse momento foram se formando ao redor deles imagens de um grupo de pessoas que carinhosamente lhe aplicavam o passe, impondo-lhe as mãos, enquanto o rapaz se sentia sonolento até entrar em sono profundo.

Ao acordar, Claudio tinha a sensação de haver dormido por semanas. Estava sozinho e ainda ouvia a música com acordes divinamente harmônicos. Deixou-se ficar inebriado pela música por alguns instantes. Ao se lembrar da ferida, tocou na cabeça não a percebeu. Lembrou-se de Sandra, olhou ao lado, e lá estava ela de pé junto ao leito.

— Bom dia, meu querido! Como está?

— Estou bem. Não senti a ferida em minha cabeça.

— Tome este medicamento – ela disse oferecendo um copo com um líquido transparente.

Claudio tomou, não sentiu gosto de nenhum medicamento e pensou:

— Isto é água.

Sandra, sorrindo, explicou:

— É água fluidificada.

— Para que serve?

— Ela absorve as energias positivas que se estabeleceram aqui no momento em que você recebia o passe aplicado pelos nossos médicos espirituais. Ao ingerir a água fluidificada, as energias penetram nas células do seu perispírito, principalmente nas lesionadas, revigorando-as e completando a ação do passe.

— Posso ver minha cabeça? Quero ver a ferida.

— Sim, querido, levante-se e vá até o espelho.

Claudio temia se levantar, pois havia ficado impressionado com as proporções da ferida. Porém, encorajado por Sandra, levantou-se e foi até o espelho, constatando que a ferida havia cicatrizado completamente. Até o cabelo havia se recomposto. Ainda perplexo, perguntou mentalmente:

— Como isso aconteceu? Foi um milagre?

Sandra adiantou:

— Não é nenhum milagre, Claudio. Nossos médicos espirituais dominam as técnicas da reconstituição do perispírito por meio da manipulação das energias. Lembra-se da passagem do evangelho em que Jesus transformou a água em vinho nas bodas de Caná? Jesus dominava as energias que constituem a matéria, assim pôde transformá-la.

Claudio estava encantado. Começava a ter noção sobre a vida espiritual e as modalidades da vida dos Espíritos.

Sandra voltou a se manifestar:

— Vamos fazer uma prece agradecendo a Deus, nosso criador, e a Jesus, nosso protetor misericordioso.

Natália sentia falta de conversar com Luzia, principalmente depois da carta de Claudio, que a despertou para detalhes da doutrina que queria esclarecer. Numa tarde, após o trabalho, foi à casa da amiga para conversar com ela até a hora da aula na faculdade.

Luzia a recebeu com alegria, pois também queria saber notícias da família de Natália. Queria saber também sobre como reagiram diante da comunicação de Claudio. Após se cumprimentarem com alegria e se acomodarem no sofá da sala, Luzia tocou no assunto da carta.

— Diga-me, Natália, como foi a reação de sua família diante da mensagem de seu irmão?

— Ficaram muito emocionados e até procuraram aceitar o desencarne de Claudio, mas apesar da prova irrefutável da autenticidade da mensagem, ainda resta uma forte incredulidade. Talvez motivada por ceticismo e por não aceitarem uma evidência para a qual não estavam preparados. Rafael não quis comentar nada, preferindo o silêncio.

— Não podemos exigir que eles, de uma hora para outra, mudem a maneira de pensar sobre um conceito que cultivavam desde que nasceram, influenciados por ideias que procuram prender as pessoas principalmente pelo medo de um Deus cruel e vingativo que ameaça com o fogo eterno do inferno. Deus é amor, é infinitamente justo, respeita o livre-arbítrio, proporcionando-nos as escolhas pelas quais somos responsáveis. Como eu disse em sua casa, pela lei de causa e efeito, colhemos o que plantamos. Ele sempre nos dá a oportunidade de refazermos nossos erros.

— Sempre tive uma dúvida sobre esta justiça de Deus. Não compreendo porque algumas pessoas têm tudo na vida, enquanto outras nascem em condições desfavoráveis e nada dá certo para elas. Às vezes uma criancinha inocente, que nunca fez mal a ninguém, nasce doente ou aleijada, não tem acesso à educação, nem tratamentos de saúde, enquanto outras nascem sadias, com todos os recursos para terem uma vida feliz. Nunca encontrei explicações para isso. As religiões sempre respondem de forma evasiva, dizendo que são mistérios de Deus e que não precisamos entender, mas apenas aceitar sem questionar.

— O espiritismo não tem dogmas, nenhum ritual, e não é uma só pessoa credenciada a falar. Além de religião é também filosofia e ciência. Sendo ciência, não pode abandonar a lógica das coisas, nem nos obrigar a aceitar o que não entendemos. Tudo tem uma explicação. Deus não nos daria a inteligência e a capacidade de raciocínio para que não as usássemos. Ele não criou nada sem uma função no universo.

— Como se explica então a questão que lhe formulei?

— Quando vemos uma criancinha, estamos vendo apenas um corpinho novo, mas não vemos o Espírito que habita aquele corpo. Não vivemos apenas uma encarnação e pode ser que aquela criancinha, que acaba de nascer, seja um Espírito que contraiu muitas dívidas em existências anteriores, ou pode ser um Espírito missionário que veio ajudar outros a resgatarem suas dívidas.

— Então, um vem resgatar a dívida do outro?

— Não, de forma alguma. Veja este exemplo: qual pai ou mãe não sofre ao ver o filho sofrer? Um Espírito missionário pode aceitar encarnar em uma vida de sofrimentos para ajudar pai, mãe, ou outra pessoa qualquer a resgatar suas dívidas. Infelizmente a maioria de nós só se volta para o amor por meio da dor. Você já imaginou se seu irmão não aceitou desencarnar ainda na juventude para mostrar à família alguma coisa que somente pela dor da perda poderia enxergar?

A amiga ficou alguns minutos em silêncio demonstrando reflexão e, por fim, exclamou:

— Como é linda a Doutrina Espírita. Como é esclarecedora e confortadora!

Luzia se sentiu feliz ao perceber que as sementes estavam germinando no coração da amiga. Natália perguntou:

— Por que temos que desencarnar e encarnar novamente várias vezes?

— Veja bem, sem o desencarne, as arestas, as más querências tenderiam a se perpetuarem. Inimigos podem reencarnar em família onde o amor proporcionado pelos laços de sangue pode interromper a antiga inimizade, como no caso do amor de pai ou mãe por um filho.

— Quer dizer que pai e filho, mãe e filho podem ter sido inimigos do passado?

— Sim. Nesse caso, o amor paternal ou maternal poderá desfazer a inimizade de encarnações anteriores. Para isto Deus nos dá a bênção do esquecimento, caso contrário, se nos lembrássemos dessas más querências, elas poderiam interferir nas novas relações.

E completou:

— Tudo nos conduz à evolução. Em apenas uma encarnação, não teríamos a possibilidade de evoluir a ponto de não precisarmos da vida na carne. Todos nós alcançaremos este estágio porque Jesus disse: "Eu vim para que nenhuma ovelha da casa do meu pai se perca". Jesus não iria falhar, muito menos deixar de cumprir o que prometeu. Mas cada um tem o seu tempo; uns aproveitam mais este tempo, outros aproveitam menos quando se dedicam apenas às coisas do mundo, apegando-se excessivamente aos bens materiais, não praticando a caridade e o amor ao próximo conforme Jesus nos ensinou.

Natália estava encantada. Nunca ouvira explicações tão convincentes, que tocavam tanto a alma, como as que foram feitas por Luzia. Estava se aproximando a hora de se despedir da amiga. Saiu dali ainda refletindo sobre aquelas palavras que haviam tocado forte em seu coração e não conseguiu se concentrar na aula.

8
Crime e condenação

Os tempos se passaram e a gravidez de Natália transcorria normalmente até que chegou o momento de fazer o exame que poderia indicar o sexo da criança. Grande expectativa tomava conta da futura mamãe, que se preparou com entusiasmo e se apresentou na clínica acompanhada de Raquel.

Durante o exame, o médico perguntou:

— Qual o sexo que a mamãe deseja?

O coração da moça bateu acelerado. Ela não tinha preferência e pensava que o importante era que a criança fosse muito amada. Por isso, respondeu:

— Quero o meu filho, não importa o sexo, doutor.

— É uma menina, mamãe. A gestação está perfeitamente normal. Parabéns! Que sua filha lhe traga muitas alegrias!

Naquele instante, Natália pensou na filha ainda bebê, quando aprenderia os primeiros passos, na adolescência, e até na vida adulta. Iria amá-la muito... Assim pensando, lembrou-se de Marcelo. Como gostaria que o pai estivesse presente, como normalmente acontece! As lágrimas correram-lhe pelo rosto, despertando a preocupação do médico e dos funcionários, quando foi amparada por Raquel que também chorava percebendo o motivo das lágrimas da filha.

Saindo da clínica, ao passarem defronte às lojas que vendem roupinhas e outros apetrechos para bebês, Raquel convidou a filha para entrarem procurando distraí-la e iniciando a montagem do enxoval da criança, mas Natália, que ainda estava muito tocada pela emoção e pela lembrança de Marcelo não se interessou. Raquel não insistiu.

Ao chegarem em casa, Natália ligou para o pai e para o irmão que se encontravam na padaria e deu a notícia. Rafael, percebendo a emotividade da irmã, imaginou que ela gostaria de partilhar com Laura, que entenderia mais facilmente seus sentimentos, e convidou a namorada para uma pequena comemoração pela chegada da sobrinha em sua casa, após o trabalho.

Durante a reunião com a família, Natália se mostrou alegre, fazendo planos para a chegada da filha, enquanto Laura também demonstrava felicidade pela chegada da futura sobrinha. Ao se despedirem, Laura convidou a cunhada para fazerem juntas a primeiras compras do enxoval no dia seguinte. Tudo transcorreu com entusiasmo e alegria, proporcionando às duas amigas uma aproximação maior e a oportunidade de Laura se sentir mais integrada à família de Rafael.

Enquanto isso, o clima na residência de Sofia se tornava cada vez mais tenso. A dificuldade financeira aumentava e não havia perspectiva de melhoras. Reinaldo, sempre exigindo mais da mãe para satisfazer seus caprichos de filhinho caçula, provocava atritos entre os irmãos, principalmente com Thiago que dedicava a maior parte de seu salário para as despesas da casa. Marcelo, pressionado por Thiago, procurava emprego, mas o baixo nível de escolaridade associado ao orgulho de não aceitar um trabalho humilde, impediam que alguma oportunidade de emprego se concretizasse.

Numa visita de Marcelo ao pai no presídio, Guilherme pediu ao filho que procurasse um indivíduo de nome Fininho, ligado ao tráfico de drogas, numa comunidade da cidade. Era preciso que esse indivíduo enviasse aparelhos celulares, dinheiro e drogas ao dono da boca de fumo que se encontrava preso e planejava uma fuga na qual Guilherme seria inserido em troca de viabilizar a transação por meio das visitas de seu advogado, que não era submetido às revistas.

Sem alternativas, o filho de Guilherme teve que aceitar a proposta do pai, quando também receberia uma participação no negócio. Marcelo procurou o doutor Renato, que aceitou a proposta, mas exigiu um alto valor pelo trabalho.

Ao procurar Fininho e expor o que fora conversado, o traficante foi logo dizendo a Marcelo:

— Que isso, mano! Esse cara tá exigindo muita grana. Eu tenho quem faça por menos.

Marcelo negociou com Renato, que aceitou baixar a proposta. Voltou a falar com Fininho e ficou tudo acertado, mas o traficante impôs a condição de que as entregas fossem feitas em várias vezes, demonstrando não confiar no rapaz.

Já haviam sido feitas algumas remessas, até que um dia, ao descer com a muamba, Marcelo foi abordado por policiais que já vinham investigando a operação há algum tempo. O rapaz descia em uma moto disfarçada de veículo de entrega de pizzas e sanduíches. O policial gritou, sinalizando para ele encostar.

— Desça da moto com as mãos para cima!

Marcelo pensou em não acatar, mas percebeu que a fuga seria impossível, pois outra viatura dava cobertura mais a frente. Parou trêmulo e muito pálido.

— Abra o baú! – o policial ordenou.

Marcelo ainda tentou enganá-lo dizendo que estava fazendo entregas.

— Abra o baú – repetiu o policial num tom de autoridade.

Não tendo alternativas, o rapaz abriu e os policiais encontraram a mercadoria.

— Eu não sabia que estava transportando isso aí – Marcelo mentiu. — Deixei a moto com o baú aberto enquanto saí para tomar café. Quando voltei, o funcionário da empresa já havia fechado, dizendo que o material estava na moto e me passou o endereço, dizendo para eu sair rapidamente, para que os alimentos não esfriassem...

O policial o olhou com desconfiança.

— Me dê o endereço de onde você iria fazer a entrega.

Marcelo enfiou as mãos nos bolsos e disse em seguida:

— Perdi.

— O senhor está preso – disse o policial, irritado pela tentativa de ser enganado.

— Podemos conversar? – Marcelo perguntou pensando em suborno.

— Você terá muito que conversar com o delegado – disse um dos policiais em tom de deboche. Em seguida algemou o rapaz, empurrando-o com violência para o interior da viatura que já se encontrava com a porta traseira aberta.

Chegando à delegacia, Marcelo foi conduzido a uma sala onde esperaria pelo delegado. Durante a espera, seus pensamentos fervilhavam. Lembrou-se das farras onde sempre era bajulado pelos amigos e das garotas que disputavam sua companhia. Quando se lembrou de Natália, sentiu uma pontada no coração, lembrando-se da moça simples que lhe oferecera sinceridade e amor.

Havia magoado profundamente Natália e optado pela vida com dinheiro fácil, bebidas, drogas e falsos amigos. Lembrou-se do filho que Natália carregava no ventre. Agora estava totalmente encrencado e o castelo de outrora havia ruído, não tinha a quem recorrer senão a um advogado inescrupuloso que não tem piedade de ninguém, visando exclusivamente às vantagens que conseguia a custa da desgraça alheia. Mas não tinha alternativas, não tinha recursos para pagar os honorários de um bom profissional e não podia contar com a família, que passava por dificuldades.

Cerca de duas horas depois o delegado chegou.

— Olá rapaz! Parece que somos velhos conhecidos – debochou com um sorriso sarcástico.

Marcelo não disse nada, limitando-se a baixar a cabeça.

— Não vai falar nada em sua defesa?

— Só falarei na presença do meu advogado. Preciso me comunicar com ele, mas não tenho o número do telefone – respondeu Marcelo.

Neste instante, lembrou-se de que o número do telefone do doutor Renato estava registrado em seu celular, que havia sido apreendido.

— Vou solicitar um defensor público – informou o delegado.

— Não, doutor. O meu advogado é o doutor Renato Alvarenga.

— Ah, sim, esse também é meu velho conhecido – o delegado falou, insinuando alguma coisa negativa em relação a ele.

Outro agente policial, auxiliar do delegado, pegou uma agenda e encontrou o número do advogado. Disponibilizando um aparelho, ordenou que Marcelo fizesse o contato.

— Alô, doutor Renato? É Marcelo, filho do Guilherme, seu cliente.

— Que houve, Marcelo?

— Estou na delegacia e preciso lhe falar com urgência.

O advogado, prevendo o que poderia ter acontecido, imediatamente se dirigiu à delegacia. Tinha que agir rápido, antes que Marcelo desse com a língua nos dentes e colocasse todo o esquema a perder, no qual ele próprio estava envolvido. Assim que chegou, pediu para falar com seu cliente em particular, o que foi concedido.

—Que houve, Marcelo? Pegaram você em flagrante?

— Sim. Eu estava saindo para levar a mercadoria ao seu escritório.

— Você falou alguma coisa sobre o esquema?

— Não. No momento que me pegaram, eu disse que estava fazendo entregas.

E Marcelo relatou tudo que havia ocorrido.

— Menos mal – disse o advogado um pouco mais calmo. — Você irá continuar sustentando esta versão.

— Mas percebi que eles não se convenceram. Principalmente quando eu disse que havia perdido o endereço da entrega.

— Tem que ser dessa forma, mesmo que não convença. Você não pode entregar ninguém, senão eles o matam como queima de arquivo e podem até mandar matar o seu pai dentro do presídio. Esse pessoal é muito forte e têm ramificações por toda parte.

Assim dizendo, Renato procurava evitar que o rapaz falasse alguma coisa que o incriminasse. As palavras do advogado provocaram pânico em Marcelo que até então não havia pensado nas consequências, caso denunciasse todo o esquema, inclusive o plano de fuga em que seu pai estava inserido. Pensava em denunciar para admitir apenas o papel de "mula"[2], aliviando a sua situação.

Finalmente se apresentaram para o interrogatório e Marcelo sustentou a mesma versão do momento da prisão, conforme orientação de Renato, apesar de não conseguir convencer o delegado, que ordenou a prisão imediata, considerando o flagrante e os antecedentes do rapaz.

Renato tentou evitar que o cliente permanecesse preso, principalmente porque apresentava risco de denunciar a organização o que refletiria nele próprio. Procurou os empresários que haviam participado das licitações fraudulentas na prefeitura e conseguiu um contrato de trabalho forjado, apenas para alegar que Marcelo era trabalhador e que tinha residência fixa. Entrou com o habeas corpus, que foi negado.

Em casa, quando Sofia recebeu a notícia da prisão do filho, também ficou apavorada. Era muita humilhação, principalmente diante dos vizinhos a quem tratava com desprezo.

Marcelo foi julgado e condenado em dois processos: um por homicídio culposo e outro por tráfico de

---

[2] Mula termo que se usa para caracterizar quem transporta droga.

entorpecentes. Foi conduzido ao mesmo presídio onde seu pai estava, porém em pavilhões diferentes. Enquanto isso, o prefeito Gilson escapava da cassação na câmara municipal, onde conseguiu subornar alguns vereadores. Os empresários também conseguiram se safar da justiça por meio de subornos e outras estratégias.

9
Novos aprendizados

O tempo passou e chegava a data da formatura de Natália no curso de Serviço Social. Fazia alguns meses que Jonas e Raquel se mantinham afastados dos eventos sociais, mas a formatura da filha constituía motivo de orgulho e alegria para os pais que tanto se empenharam em incentivar e criar condições para que ela estudasse.

Rafael havia abandonado os estudos em função das responsabilidades na padaria que se intensificaram depois do falecimento do irmão, exigindo maior dedicação e empenho. Claudio havia começado o curso de administração de empresas, pretendendo aplicar seus conhecimentos na administração da padaria, mas não teve tempo de concluí-lo.

Restava agora apenas Natália para realizar o sonho dos pais, por isso a formatura despertava tanto entusiasmo. Durante a solenidade, a formanda participava da alegria dos colegas e professores, mas a lembrança de Claudio não lhe saía da mente. Às vezes as lágrimas brotavam-lhe nos olhos, pois Natália reconhecia que aquela conquista era dos pais também e principalmente do irmão falecido, que tantas vezes assumira o trabalho para que ela pudesse se dedicar aos estudos e às atividades junto à faculdade. Aquela solenidade junto aos antigos amigos resgatava lembranças de muitas amizades construídas durante a infância.

No convite de formatura Natália havia feito uma linda homenagem aos pais e aos irmãos, com destaque para Claudio, a quem atribuía grande parte do sucesso pela etapa vencida; por fim aos amigos pelo carinho, mas no fundo se lembrava de Marcelo e construía sonhos com o namorado. Imaginava-se dançando com ele a valsa da formatura; o rapaz vestido com um terno da última moda... Formariam um lindo casal.

Na hora da entrega dos certificados, os formandos eram chamados pelos nomes em ordem alfabética. Quando chegou a vez de Natália, ouviram-se aplausos calorosos. Tudo era motivo de emoção, mas ficava um vazio. Era a lacuna deixada por Claudio e a saudade de Marcelo que ocupavam lugar de destaque em seu coração.

Poucos dias se passaram quando, numa madrugada, Natália acordou sentindo dores como se fossem cólicas menstruais. Esperou um pouco imaginando que aquele incômodo fosse passar, mas, pelo contrário, aumentava de intensidade e os espaços eram cada vez menores entre uma crise e outra. Levantou-se, foi até a porta do quarto da mãe e, batendo suavemente, disse:

— Mãe, venha até meu quarto. Estou sentindo dores.

Raquel a acompanhou e, depois de ouvir seu relato, disse:

— São as contrações, minha filha! Vamos imediatamente para o hospital.

Raquel voltou ao seu quarto e chamou o marido, dizendo:

— Jonas, acorde, vamos levar Natália para o hospital. O bebê vai nascer. Ela está tendo contrações.

Jonas se levantou enquanto Raquel preparava a filha e em poucos minutos já estavam a caminho. Chegaram à maternidade e, após responderem a um questionário, Natália foi encaminhada à triagem onde se constatou que realmente estava em trabalho de parto.

Algum tempo depois, a criança nascia. Uma enfermeira avisou que a família poderia visitar a mãe, que estava no quarto, e a criança, no berçário. Tudo havia corrido bem e as duas passavam bem. No dia seguinte, mãe e filha tiveram alta do hospital. Chegando em casa, todos estavam muito contentes. Raquel perguntou:

— Qual será o nome da criança?

Natália não havia decidido, mas mesmo assim falou sem pensar:

— Vitória.

— Bonito nome – exclamou Raquel.

— Ela se chamará Vitória porque sua vida será de luta, mas de muito sucesso. Vitória será um anjo entre nós. Natália falou seguindo uma intuição que lhe ocorrera naquele momento.

Com o passar do tempo, a pequena Vitória crescia com saúde e inteligência. Por volta dos quatro meses já fazia gracinhas, reconhecia a mãe, os tios e os avós que cada vez mais se encantavam com a netinha. Raquel quis saber:

— Quando vamos batizar a Vitória? Eu e o Jonas queremos que ela seja batizada na igreja católica.

— Perfeito, mãe, assim será.

— Quem serão os padrinhos?

Ao perguntar, Raquel imaginava que seriam os avós, mas Natália respondeu:

— Rafael e Laura.

Houve um pequeno desapontamento, mas logo Raquel demonstrou alegria pela escolha dos padrinhos.

Numa manhã, Natália chamou os pais e disse:

— Vou visitar o Marcelo, quero que ele conheça Vitória.

A notícia pegou a família de surpresa, principalmente os pais que tentavam convencer a filha de que não deveria se envolver mais com o rapaz para evitar novos problemas. Não queriam que a filha e a neta se envolvessem no ambiente do presídio, mas Natália se manteve irredutível.

No dia seguinte, colocou as melhores roupinhas em Vitória e as duas se dirigiram para o presídio. Ao chegarem, uma fila se formava em frente à entrada do prédio para as devidas identificações, inclusive a constrangedora revista a que os visitantes têm que se submeter.

Marcelo havia recebido visita da mãe e do Thiago, algumas vezes. Eles priorizavam as visitas a Guilherme, alimentando a esperança de que quando saísse da prisão ele voltasse a ocupar cargos na administração municipal ou recebesse algum benefício por parte do prefeito, que se interessaria em manter o antigo assessor de boca fechada, temendo novas denúncias por irregularidades que não haviam sido apuradas.

Naquela manhã, quando um carcereiro anunciou a visita para Marcelo, o rapaz se assustou, pois não esperava visita de seus familiares naquele dia. Foi quando viu Natália com um bebê no colo. A moça estava visivelmente ansiosa e seu coração batia aceleradamente.

— Bom dia, Marcelo! Viemos lhe fazer uma visita.

O rapaz ficou estático por alguns instantes, até se refazer do susto e responder timidamente:

— Bom dia, meu amor! Que surpresa agradável! Pensei que tinha se esquecido de mim...

— Não, Marcelo, eu nunca o esqueci. Lembro-me de você todos os dias. Queria muito vê-lo e queria que conhecesse Vitória. Veja como nossa filhinha é linda!

Os olhos do rapaz se encheram de lágrimas e ele caiu de joelhos defronte ao banco onde Natália havia se sentado com a filha nos braços. Apoiando a cabeça no colo da moça, encostava o rosto na filha que levemente lhe tocou com as mãozinhas, num gesto de carinho como se entendesse o que estava acontecendo.

— Ela é linda! Como os olhinhos dela se parecem com os seus! – disse Natália.

— Ela se parece com você também – Marcelo falou levantando os olhos.

Nessa hora, Natália também chorava.

— Pegue sua filha nos braços – disse, entregando a criança a ele.

A pequena Vitória resistia, não queria sair dos braços da mãe que insistiu, entregando-a ao Marcelo. Ele tentava por todos os meios acariciar a filha, mas Vitória, assustada, chorava baixinho abrindo os bracinhos para a mãe. Marcelo a devolveu temendo assustá-la. Mais tranquila, nos braços de Natália, a menina até esboçou um sorriso.

— Perdoe-me, Natália. Fui imaturo, naquele dia em que nos encontramos pela última vez. Fui insensível, estava pressionado pelos meus pais que não aceitavam a nossa relação. Tive medo e me deixei levar pelas decisões deles. Fui fraco. Mas eu a amo. Sempre lhe amei. Fiquei desesperado, procurei apoio nos meus amigos. Entreguei-me à bebida tentando lhe esquecer, foi quando aconteceu o acidente. Tive que fugir porque temia que as pessoas me linchassem naquela hora. Temia principalmente seu pai. Não sabia qual seria a reação dele, que poderia até me matar. Então fugi, não sabia se fugia das pessoas ou de mim mesmo. O tempo passou, tentei arranjar um emprego, começamos a passar dificuldades financeiras, precisávamos libertar meu pai para reequilibrarmos as finanças. Foi quando aceitei ajudá-lo para que fugisse da prisão. Fui preso e julgado por dois crimes. Desde que conheci seu carinho e sua compreensão, queria mudar de vida, mas fiz tudo errado...

Natália ouvia o relato de Marcelo sem dizer nenhuma palavra. Esforçando-se para não chorar, mantinha a voz embargada. Um silêncio se estabeleceu para que cada um se refizesse das emoções e as palavras mais apropriadas pudessem surgir. Por fim, ela disse:

— Eu sofri muito, Marcelo. Acreditei em você quando todos alertavam para o contrário. Principalmente quando soube da gravidez, eu acreditei que enfrentaria as dificuldades e ficaria ao meu lado. Não imagina como me magoou quando fez aquela proposta para abortar. Naquela hora eu já amava a nossa filha e aquilo me atingiu de forma brutal. Senti mais por ela do que por mim. Nunca imaginei que você me propusesse aquilo. Senti-me usada; senti que tudo que me havia dito até aquele dia era mentira e que eu não passava de mais uma aventura em sua vida. Posicionei-me contra a minha família para ficar com você. Senti-me iludida, desprezada. Como fui ingênua... Quando aconteceu aquela tragédia, eu me senti culpada. Senti-me uma traidora diante de minha família. Quando via meus pais e meu irmão sofrendo, eu sofria em dobro, tinha vontade de cair de joelhos aos pés deles, de pedir perdão e assumir a minha culpa. Durante a gravidez, temia que tudo aquilo pudesse influenciar a criança que poderia nascer com algum problema. Quando vi Claudio estendido na urna funerária parecia que ele me dizia: "Veja o que você fez comigo, irmãzinha". Naquela hora, se fosse possível, trocaria de lugar com ele. Sentia que ele estava ali como uma vítima inocente, com a consciência tranquila, como um mártir, e eu carregando uma culpa que talvez nunca tivesse a oportunidade de resgatar. Fiquei um pouco aliviada quando recebi uma carta do Claudio demonstrando que não levava nenhuma mágoa de mim.

Nessa hora, Marcelo não entendeu nada. Como receber carta de uma pessoa que já havia falecido? Mas não perguntou e Natália também não se preocupou em explicar.

Um novo silêncio se fez por alguns instantes. Quando Marcelo, olhando nos olhos da mulher, percebeu seu olhar angelical. Começava a perceber a luz que emanava de Natália. Revestindo-se de coragem, suplicou:

— Eu sei que não mereço, mas mesmo assim imploro pelo seu perdão. Sinto-me como um ser insignificante, que rasteja diante de um anjo. Quero apenas o seu perdão para continuar vivendo.

Outra vez um silêncio se fez até que os carcereiros anunciaram que o horário de visita havia terminado. Natália olhou com ternura para o rapaz e disse pausadamente:

— Até um dia, Marcelo. Queria que conhecesse a Vitória...

Dizendo isto, saiu conduzida por um carcereiro. Olhando para trás, mantinha os olhos fixos no rapaz que continuava prostrado ao chão, banhado em lágrimas.

No dia da reunião na Casa Espírita, Luzia convidou Natália para participar. Naquele dia, ao se levantar e fazer a prece da manhã, a amiga tivera a intuição de fazer aquele convite. Natália também aguardava por aquela oportunidade, esperando receber novas mensagens do irmão. As reuniões se davam à noite e, após a formatura, ela tinha as noites livres.

Entretanto, ao receber o convite, Natália teve vontade de recusar. De repente lhe pareceu não estar preparada para ir a uma reunião espírita e ocorreram-lhe vários pensamentos desanimadores. Luzia já esperava que a amiga fosse colocar dificuldades e insistiu, tentando tranquilizá-la sobre o que ocorria numa reunião da doutrina codificada por Kardec, pois sabia de muitos boatos criados por pessoas que, por desconhecerem o espiritismo, confundiam com lugares onde se usam rituais nem sempre direcionados ao bem e aos ensinamentos do mestre Jesus.

Durante o dia, por várias vezes, Natália pensou em ligar para a amiga e inventar uma desculpa qualquer para adiar o que havia combinado. Luzia, sentindo as vibrações dela e intuindo o que lhe passava pela cabeça, decidiu ligar.

— Natália, estive pensando aqui e mudei de ideia. Em vez de nos encontrarmos na Casa Espírita, eu vou passar na sua casa e seguimos juntas. Após a reunião, deixo você novamente em casa. Combinado?

— Não precisa. Podemos nos encontrar lá, na hora marcada – Natália respondeu, pensando em encontrar uma desculpa de última hora.

— Não se preocupe. Eu faço questão. Afinal, não preciso alterar meu caminho para apanhá-la em casa.

Diante daquela insistência, Natália não teve como não concordar. Na hora marcada, Luzia estacionou o carro defronte à casa dela e bateu à porta.

— Boa noite, Luzia – a amiga a recebeu penteando os cabelos. — Sente-se aqui por um instante, enquanto termino de me aprontar.

— Sim. Mas estamos em cima da hora, não podemos nos atrasar – Luzia alertou.

Após alguns instantes, Natália apareceu na sala dizendo:

— Luzia, será que devo mesmo ir com você? Queria lhe falar...

— Vamos. Conversaremos no carro.

Não tendo alternativas, Natália entrou no carro. Durante a viagem, Luzia tomou a palavra e disse:

— Quando nos dedicamos às causas do bem, sofremos ataque das trevas tentando nos impedir. O que você está sentindo é natural. Eu sabia que, se não passasse em sua casa e não insistisse, você provavelmente encontraria um pretexto para desistir. Não se preocupe, estarei ao seu lado durante a reunião.

— Você acha que o Claudio poderá se manifestar por meio de uma nova mensagem?

— Pode. Mas não acho que se manifeste.

— Por quê?

— Acho que o Claudio deu o recado que precisava e, percebendo que a família ficou mais harmonizada, partiu para o plano espiritual.

Natália se mostrou decepcionada.

— Não podemos solicitar a presença dele para que se comunique de novo?

Luzia sorriu e disse:

— Como dizia o Chico Xavier: "O telefone só toca de lá para cá". Deixe que ele siga seu caminho. Nós, encarnados, temos que nos preocupar é com a nossa missão aqui na Terra, ou seja, a nossa evolução, promovendo nossa reforma íntima.

— O que é reforma íntima?

— É a mudança que promovemos dentro nós mesmos, combatendo nossas más tendências. Este é o grande objetivo de estudarmos a Doutrina Espírita e, principalmente, de colocar seus ensinamentos em prática. Muitas pessoas procuram a Casa Espírita atrás de fenômenos, mas o principal objetivo são os ensinamentos que recebemos; mas, sobretudo, a caridade e o amor.

— Mas os fenômenos ocorrem?

— Às vezes sim, mas quando têm uma finalidade útil à caridade e ao amor. Os Espíritos mais iluminados se empenham principalmente na caridade. Eles não se dispõem a apenas satisfazer a curiosidade de alguns. Não há necessidade dos fenômenos para convencer as pessoas. Aquelas que se dedicam a se instruírem sobre a essência dos ensinamentos de Jesus, os fenômenos ocorrem no seu íntimo e, à medida que vão se reformando, começam a perceber o grande fenômeno que são as mudanças de atitude que ocorrem de dentro para fora.

— A doutrina provoca uma lavagem cerebral na pessoa, inserindo regras e métodos de vida aos quais a pessoa inconscientemente passa a corresponder?

— Não. De forma alguma. A Doutrina Espírita não impõe nada. À medida que a pessoa se eleva moralmente, passa a não necessitar mais das práticas inferiores, optando por aquelas que conduzem ao bem. Na Doutrina Espírita não existem rituais nem dogmas, você não é obrigada a aceitar nada sem que aquilo passe pelo crivo da reflexão. Por isso é a doutrina da ciência, filosofia e religião. Kardec disse que se um dia a ciência provar alguma coisa que entre em conflito com a doutrina, que optemos pela ciência.

Chegaram à Casa Espírita, os ensinamentos de Luzia tinham mexido com as ideias de Natália. Estava disposta a mergulhar num mundo novo onde teria de rever conceitos e adotar uma nova filosofia de vida.

Luzia apresentou a amiga que foi recebida por um trabalhador da casa que se prontificou a apresentá-la aos demais participantes. Estes demonstraram cordialidade, dando as boas-vindas à recém-chegada.

Durante as reuniões públicas, enquanto um palestrante fazia reflexões sobre um tema relacionado à doutrina, outros trabalhadores da casa, aqueles em que a mediunidade era mais aflorada, reuniam-se em torno de uma mesa onde recebiam mensagens, tanto por intermédio da psicofonia quanto da psicografia.[3]

Luzia, vez por outra se colocava na mesa como médium que passava as instruções dos encarnados para os Espíritos manifestantes, geralmente necessitados que recorriam ou que eram levados à casa para serem orientados à luz dos ensinamentos de Jesus.

Após a prece inicial, o palestrante da noite foi apresentado. Falaria sobre "O movimento espírita como fator de transformação no mundo atual".

Iniciou a palestra falando da sociedade diante da disputa por dinheiro e poder, em detrimento dos valores espirituais pregados por Jesus. Falou de quando o mestre ensinou os discípulos sobre a avareza, o apego aos bens terrenos. Explicou que quando Jesus disse que seria mais fácil um camelo passar no fundo de uma agulha do que um rico entrar no reino do céu, o rico representava as pessoas excessivamente apegadas aos bens materiais, que não dividem com os irmãos, e não aquele rico que faz da sua riqueza um benefício também aos necessitados. Falou da lei do progresso, da distribuição das riquezas. Falou da família universal e dos parentescos de sangue.

E terminou falando dos trabalhadores da última hora. Que não devemos ser meros expectadores, mas trabalhadores que arregaçam as mangas e trabalham

---

[3] Psicofonia é quando o Espírito fala através do médium e psicografia quando escreve.

na seara do Cristo, promovendo mudanças no mundo por meio do perdão, da caridade e do amor.

Em seguida, foi ministrado o passe e a prece final. O coordenador da reunião passou a relatar as obras da casa, convidando aqueles que ainda não haviam se engajado em nenhuma tarefa, a participarem segundo suas aptidões.

Natália havia se encantado com a doutrina dos espíritos, que era muito diferente do que imaginava, principalmente o que havia escutado de outras pessoas. No carro, comentou com Luzia enquanto se dirigiam para casa:

— É muito diferente do que as pessoas me disseram. Eu não imaginava como essa doutrina nos deixa à vontade para fazer nossas escolhas.

— Pessoas ouvem falar da Doutrina Espírita, geralmente por quem também não tem um bom conhecimento, e passam conceitos de forma deturpada, sempre se mostrando profundos conhecedores, inclusive atribuindo-se falsos poderes, com a intenção de se passarem por interlocutores dos Espíritos e serem vistos de forma diferenciada. Uns até usam isso para obterem vantagens financeiras, comercializando dons ou falsos dons. Você já viu aquela mensagem, geralmente afixadas nos postes de energia elétrica, onde se diz: "Trago seu amor em três dias"?

— São charlatões?

— Geralmente sim, mas existem aqueles que realmente têm a mediunidade aflorada e que a usam para obter vantagens financeiras.

— A doutrina permite isso?

— Jesus disse: "Dai de graça o que de graça recebeste". A doutrina dos espíritos não proíbe nada, quem julga é a consciência de cada um. A escolha é livre, mas pela lei de causa e efeito, nós colhemos o que plantamos e sempre responderemos pelos nossos atos, sejam eles bons ou ruins.

— Então, os que agem com má fé serão castigados?

— Não é um castigo. São oportunidades de resgates em uma escola onde cada um aprende com seus próprios erros.

Haviam chegado em casa e, ao se despedirem, Natália disse:

— Não sei como lhe agradecer, Luzia. Foi maravilhoso! Quero continuar frequentando as reuniões e, sempre que possível, conversar com você. Aprendi muito com a nossa conversa, mas ainda tenho muito que aprender.

— Não precisa me agradecer. Sou eu que agradeço pela oportunidade de compartilhar o pouquinho que aprendi.

Enquanto o veículo de Luzia se distanciava, Natália ficou refletindo sobre tudo que aprendera naquela noite.

10
Uma nova chance

No presídio, principalmente no pavilhão em que Guilherme se encontrava, os detentos planejavam a estratégia de fuga, em que seriam apoiados por comparsas fora da instituição prisional. Tudo tinha sido bem estudado. Haviam terminado de cavar um túnel até o muro externo onde seria usada uma corda feita com lençóis, que o presos chamam de "teresa", para escalarem o muro e acessarem a área externa do presídio, quando seriam resgatados pelos comparsas. Tudo começaria com uma rebelião no dia do banho de sol, quando colocariam fogo em colchões para iniciar um incêndio que chamaria a atenção dos seguranças.

Enfim chegou o dia marcado, tudo havia dado certo. Quando iniciou o motim, estabeleceu-se o pânico. Seguranças se preocupavam em evacuar o prédio e dominar os presos, enquanto os outros, inclusive

Guilherme, fugiram pelo túnel, transpondo o muro e chegando à parte externa. Lá os veículos de apoio já os esperavam. Nessa hora iniciou-se a perseguição policial. Alguns foram empurrados para fora dos veículos para que, enquanto fossem recapturados, os outros tivessem mais liberdade para fugir.

Guilherme conseguiu se refugiar em uma comunidade onde, sob ameaças, os moradores o acolheram e o esconderam até que cessassem as perseguições policiais. Em liberdade, ele conseguiu identidade falsa e fugiu para o estado de Rondônia, fixando-se em um lugarejo próximo à divisa da Bolívia, onde passou a usar um novo nome.

Sofia teve que desocupar a luxuosa residência e entregá-la ao senhor Manoel, laranja de Guilherme, e se mudar para uma pequena casa alugada em um bairro de pessoas humildes na periferia da cidade.

Enquanto isso, Marcelo continuava preso cumprindo sua pena. A lembrança de Natália e da filha não saíam de sua mente. Precisava de uma ocupação para ajudar a passar o tempo. Com o trabalho, arranjaria algum dinheiro, além de conseguir redução de sua pena. Ofereceu-se para trabalhar na lavanderia, mas encontrou muitas dificuldades, pois não estava acostumado ao trabalho pesado e tinha dificuldade em se relacionar com os colegas que lhe deixavam as tarefas mais difíceis.

Acabou se envolvendo em uma briga que lhe rendeu um castigo na solitária por alguns dias. Quase não se alimentava e, devido ao frio e à pouca ventilação da cela, contraiu pneumonia. Ele ficou irreconhecível; muito magro, havia perdido a vitalidade e o sorriso jovial que lhe eram peculiares.

No plano espiritual, Claudio, restabelecido da lesão, se sentia bem, apenas com leves desconfortos que aos poucos iam desaparecendo. Quando se lembrou de Sandra, ela logo apareceu, mas não estava só. Ao seu lado, um rapaz alto, com um leve sorriso no rosto e fisionomia familiar, fez os cumprimentos.

— Bom dia, Claudio! Sou Javier e estou aqui para, juntamente com Sandra, acompanhá-lo na colônia.

— Bom dia! – respondeu Claudio, curioso por ter tido a sensação de que já o conhecia. Javier adiantou:

— Não se preocupe. Com o tempo, vamos descobrir de onde nos conhecemos.

Dizendo isso, entreolhou para Sandra que esboçou um sorriso e disse:

— Você já está quase recuperado, Claudio. Vamos dar um passeio pela colônia, pois temos muitas novidades para lhe mostrar.

— Ah, sim, gostaria muito de conhecer a colônia – Claudio respondeu animado.

Saíram do hospital. Do alto da escada, via-se quase toda a colônia. Era como as cidades da Terra, porém as avenidas eram largas, muito bem arborizadas, praças ajardinadas com flores multicoloridas, demonstrando uma arquitetura nunca vista e um paisagismo de extremo bom gosto. O hospital fora construído num plano mais alto para proporcionar ao recém-chegado uma visão ampla da colônia. Tudo inspirava harmonia. Claudio tinha os dois amigos ao seu lado e, a um simples pensamento, imediatamente eles se dispunham a orientá-lo com carinho e dedicação.

Desceram as escadas e cruzaram com várias pessoas, todas elas com um sorriso no rosto como se o conhecessem e lhe desejavam boas-vindas. Os agrupamentos de prédios formavam pavilhões, cada um com sua especialidade.

Ao passarem pelo pavilhão do conhecimento, mostraram ao tutelado grandes bibliotecas cujos livros arquivavam os conhecimentos adquiridos durante todos os tempos. Este ficava próximo ao da reencarnação, onde se estudavam as encarnações e se programavam novos projetos reencarnatórios, visando sempre a evolução por meio de resgates e encarnações missionárias. Passaram pelo pavilhão da psicografia, quando Claudio perguntou:

— Podemos mandar mensagens para os nossos entes queridos da Terra?

— Sim, mas tudo a seu tempo. Agora você terá que se preocupar com o seu restabelecimento por completo – Javier respondeu.

— Queria muito saber como estão os meus familiares e mandar notícias. Sinto muitas saudades...

— Calma, Claudio! Você tem muito a aprender ainda.

— Quando deixei a Terra, meus familiares não haviam aceitado minha partida. Fiquei desesperado. Consegui mandar uma mensagem por intermédio de uma amiga. Só assim consegui que ficassem mais tranquilos, mas gostaria de saber notícias, principalmente de minha irmã que estava grávida...

— Acalme-se, tudo acontece sob o controle de Deus. Ele é infinitamente justo e misericordioso. Você terá oportunidade de rever seus entes queridos.

Finalmente chegaram ao pavilhão da governadoria. Prédios suntuosos edificados em um plano mais alto que os demais, dando a impressão de que mantinham todos os outros sob sua proteção. Claudio perguntou:

— Aqui também tem uma hierarquia?

— Sim – respondeu Javier, percebendo a aquiescência de Sandra.

— Aqui as coisas são diferentes da Terra, onde muitas pessoas que chegam ao poder se tornam déspotas e manipulam seus comandados. Aqui as leis maiores são a justiça e o amor. As posições são conquistadas pela elevação moral, o que faz com que as decisões sejam pautadas sempre no amor, e visam unicamente o progresso e o bem de todos.

— Gostaria de entrar – Claudio demonstrava curiosidade.

O pedido foi aceito. Chegaram a um grande salão onde muitas pessoas se mantinham sentadas. Num plano elevado, como um palco de teatro, uma névoa azulada se formou e dentro dela surgiu a imagem de uma mulher resplandecente, emitindo ondas de amor que contagiavam a todos. Claudio, emocionado, perguntou:

— É Maria Santíssima?

Sandra sorriu e disse:

— É Celeste. Nossa ministra.

Após a névoa se dissipar, Celeste falou:

— Amados do meu coração. Estamos aqui mais uma vez para convidar a todos para o trabalho que se faz necessário, devido aos constantes desvios de nossos irmãos encarnados. O egoísmo, a ostentação e os abusos de poder os conduzem a atitudes que impedem que a verdadeira fraternidade prevaleça em nossa querida Terra que, em vez de se tornar a escola redentora das almas encarnadas, vem se tornando palco de disputas pelo poder, por meio da corrupção e de práticas cada vez menos nobres. Isso tem trazido desencarnados com resquícios de ódio e sentimentos de vingança, vitimados pelas injustiças. Portanto, empenhemo-nos no trabalho da regeneração de nossos irmãos e vibremos em favor de nossos queridos encarnados em nosso planeta. Que nosso mestre Jesus e sua mãe santíssima possam nos iluminar para perseverarmos no trabalho do bem e do amor.

Terminando de falar, a névoa novamente se formou enquanto a imagem da venerável ministra foi se desfazendo. Claudio, assim como os demais, mantinha-se em êxtase pelo amor irradiado pela veneranda senhora. Era um momento de muita emoção. Aos poucos, a plateia foi se desfazendo e todos estavam encantados com as palavras de Celeste.

Natália começou a trabalhar em sua área de formação profissional, mas o trabalho era reduzido a alguns dias da semana. Nos dias de folga, ela continuava a atender na padaria. Às vezes levava a pequena Vitória, que era colocada em uma cadeirinha, demonstrando sua graça aos clientes e a alguns amigos que a cobriam de mimos.

Certo dia entrou um cliente, um rapaz bonito, com boa apresentação. Sentou-se a uma mesa próxima à cadeirinha de Vitória e, percebendo que a criança lhe sorria, aproximou-se brincando com ela. Quando a mãe se aproximou, o rapaz perguntou:

— Quem é esta linda garotinha? É sua filha?

— Sim. É minha filha.

— Eu percebi. Ela se parece com você.

— Parece com o pai também – respondeu Natália, procurando colocar um tom respeitoso à conversa.

— O pai é aquele moço ali? – ele perguntou se referindo a Rafael.

Natália sorriu e respondeu:

— Não. Aquele é meu irmão.

— Perguntei por que ela se parece com ele também.

— Sim, ela se parece com o tio – a moça disse, tentando justificar a pergunta do rapaz. Apesar de não concordar, sorria discretamente percebendo que a intenção dele era dar prosseguimento à conversa.

— E o pai, trabalha aqui também?

— Não. Ele não trabalha aqui.

Natália se sentiu incomodada com a indiscrição do cliente. Se prosseguisse, teria que falar sobre Marcelo e ela não tinha intenção de comentar sua vida com aquele desconhecido. O rapaz percebeu o mal-estar na expressão do rosto de Natália e mudou de assunto.

— Vou me apresentar. Meu nome é Rômulo. Trabalho viajando, sou representante comercial.

— Muito prazer! Eu me chamo Natália. Trabalho alguns dias por semana em uma ONG e nos dias de folga ajudo minha família na padaria.

— Então é da família dos proprietários. A padaria de vocês é uma das melhores da região.

Dizendo isso, Rômulo se despediu e Natália se deu conta de que havia dado muitas informações ao desconhecido, chegando a se arrepender de ter mantido a conversa com ele.

Passados alguns dias, Natália novamente se deparou com Rômulo, que pediu um sanduíche e ocupou uma mesa próxima ao balcão, onde ela recebia os pedidos dos clientes.

— Boa tarde, Natália! Passando por aqui, resolvi fazer um lanche e, como gostei do atendimento, voltei. Quero lhe dizer que gostei muito da nossa conversa.

A moça corou. Sua pele, muito clara, não a deixava disfarçar, mas como não tinha mais clientes para atender, aproximou-se da mesa do rapaz que logo se levantou, puxando uma cadeira e convidando-a para se sentar. Natália não costumava sentar-se à mesa com clientes, mas os princípios de educação não lhe davam outra opção. Sentou-se e o rapaz foi direto ao assunto:

— Da última vez em que estive aqui, me encantei com a sua filhinha e com você também. Confesso que durante esses dias fiquei ansioso para voltar e conhecê-la melhor. Não sei, mas se for casada ou compromissada me desculpe. Prometo não lhe importunar.

Natália também havia ficado impressionada. Apesar de ainda amar Marcelo, sentira-se atraída por Rômulo. Agora não tinha como deixar de responder à pergunta.

— Não, Rômulo. Não sou casada e não tenho compromisso com ninguém além da minha filha, que amo muito.

— Então podemos sair para conversarmos com mais privacidade. Sou solteiro e não tenho compromisso com ninguém. Poderemos nos conhecer melhor...

Natália pensou em colocar um pouco de dificuldade para não parecer vulgar e respondeu:

— Sempre tenho compromissos à noite. Tenho que dar atenção à minha filha. Na quinta-feira tenho reunião numa Casa Espírita que comecei a frequentar.

O rapaz se desconcertou quando Natália se referiu à Casa Espírita e se assustou. Até então, ouvira falar de Casa Espírita como um lugar onde se faz trabalhos no sentido de obtenção de vantagens, principalmente financeiras, e para prender alguém por laços amorosos, além de prejudicar pessoas por vingança. Pensou em desistir, mas a curiosidade prevaleceu. Queria saber mais sobre o espiritismo e talvez se beneficiar com alguma prática em que pudesse levar vantagem.

— Você não pode abrir mão do convívio com sua filha em uma noite, para que possamos nos encontrar? – perguntou em tom de súplica.

— Preciso conversar com minha mãe e saber se ela pode ficar com a Vitória em uma noite dessas.

— Como vou saber a resposta? Pode me passar seu telefone?

— Prefiro que não, Rômulo. Não precipitemos as coisas. Passe novamente aqui amanhã e lhe direi se poderemos sair ainda esta semana.

— Seja como você quiser. Passo na quarta à tarde, está bem?

— Sim. Eu o espero.

Despediram-se de forma mais afetuosa do que da vez anterior e Rômulo saiu demonstrando uma ponta de ansiedade. Natália queria testar o interesse dele, além de ganhar tempo para se aconselhar com Luzia, em quem tinha plena confiança. Ligou para a amiga e marcou de ir à casa dela naquela mesma noite e adiantou o assunto.

Durante o restante da tarde, a imagem de Rômulo não lhe saía do pensamento. Não que lhe despertasse algum sentimento, mas ela temia esperar por Marcelo, que não oferecia nenhuma certeza de estar recuperado ao sair da prisão. À noite ela se dirigiu à casa de Luzia que a recebeu com alegria e foi logo dizendo:

— Olá, minha amiga, está de amor novo?

— Calma, Luzia, não é bem assim. Estou com muitas dúvidas, por isso lhe procurei. Sei que tem um conselho para mim, confio em você.

E Natália contou com detalhes o que estava ocorrendo. A amiga respondeu:

— É muito difícil opinar sobre essa questão. Por mais que você tente falar a respeito de seus sentimentos, eles são exclusivamente seus. Mas acho que você deve se dar uma nova chance. Com o passar do tempo, tudo se definirá em relação aos sentimentos – e acrescentou em tom de brincadeira: — Você foi à Casa Espírita e recebeu seu amor com menos de três dias, viu só?

As duas riram e a brincadeira serviu para descontrair Natália que já sabia o que representava o oportunismo de quem usa dessas práticas. Ao se despedirem, as moças combinaram a próxima visita à Casa Espírita.

11
A força da caridade

Chegara novamente o dia da reunião no Centro Espírita. Natália, ao se levantar pela manhã, não conseguia tirar da cabeça as palavras do palestrante da última reunião, principalmente a parte em que ele falou sobre a avareza e o apego aos bens materiais.

Ao abrir seu guarda-roupa, observou a quantidade de roupas que não usava mais, que ocupava espaço nos cabides e se amontoavam, dificultando até a escolha da peça que seria usada no dia. Abriu o compartimento onde guardava os sapatos e a situação era a mesma, uns amontoados por cima dos outros.

Sentiu-se envergonhada. Como frequentar uma casa onde se prega a partilha dos bens sabendo que existem muitos necessitados, às vezes passando frio, e seu guarda-roupa entulhado de peças que talvez nunca fossem usadas? Pensando assim, pegou todas as roupas, colocou em cima da cama e separou as que poderiam ser doadas. Ao terminar, voltou a observá-las, mas logo achava uma ocasião em que poderia usar essa ou aquela peça, e novamente as foi recolhendo e colocando nos cabides.

Ao terminar, percebeu que haviam sobrado poucas peças para doação e novamente o guarda-roupa estava cheio. Natália não viu que havia conseguido se desvencilhar dos sentimentos de apego e começou a retirar aquelas de que realmente não precisava, até que sobraram as que efetivamente seriam usadas. Olhou para os cabides e percebeu que tudo estava organizado e ainda sobrava espaço. Olhou para dentro de si e percebeu que a faxina não havia sido feita apenas no guarda-roupa, mas principalmente em si própria. Sentia a alma leve, livre do peso do apego.

Passou para a seção dos sapatos e fez a mesma coisa, enchendo várias sacolas. Tinha medo de olhar as peças na sacola e sentir o ímpeto de retirá-las novamente. Sentia-se leve e não queria voltar a se apegar ao que não lhe era tão necessário assim.

Naquele dia, ela saiu para o trabalho com uma alegria diferente, com otimismo e uma sensação de que a vida tem mais sentido do que a rotina do dia a dia. Ligou para a amiga.

— Bom dia, Luzia! Gostaria que me desse novamente uma carona para a Casa Espírita hoje à noite. É possível?

— Claro, Natália, será um prazer! vejo que você está com um novo astral. Encontrou-se com o novo amor?

— Não é isso, Luzia. É que tenho um material para levar ao centro; são sacolas pesadas. Não tenho como levá-las de ônibus.

A amiga estranhou, mas não fez mais perguntas, deduzindo o que poderia estar acontecendo, e se despediram.

As horas passaram lentamente devido à ansiedade em que Natália se encontrava para fazer sua doação. Nunca havia sentido o prazer de compartilhar e minimizar as necessidades e as dores de irmãos mais necessitados.

À noite, quando Luzia estacionou o carro defronte à casa da amiga, Natália já a esperava com as sacolas prontas. Raquel estranhou a atitude da filha e perguntou em tom de brincadeira:

— Que é isso, Natália? Está se mudando de nossa casa?

A moça sorriu ao dizer:

— Vou doar estas roupas que não uso mais, para serem distribuídas pela Casa Espírita.

— Que bom, minha filha. Assim seu quarto poderá ficar mais organizado.

Natália não respondeu, mas percebeu que a mãe havia notado seu desapego e aplaudira aquela iniciativa. Só não havia percebido que o benefício maior era para sua alma.

Luzia desceu do carro, mas não entrou. Apenas ajudou a amiga a carregar as sacolas. Durante a viagem, Natália relatou o que havia ocorrido e Luzia falou:

— Vamos procurar o coordenador da tarefa da distribuição das doações. Será uma contribuição de grande valia para os necessitados, principalmente para aqueles que sentem frio e não têm nenhum agasalho. Alguns se cobrem com papelões e dormem sob as marquises.

Natália se lembrou das vezes em que, pela manhã, passava por moradores de rua que haviam dormido ao relento e nunca tinha pensado na situação em que viviam. Nunca havia se preocupado com suas dificuldades.

Chegando à Casa Espírita, os tarefeiros se encarregaram de recolher as sacolas, quando o coordenador procurou as moças agradecendo pela doação e ressaltando a importância daquele ato, fazendo um convite:

— Quero convidá-las a participarem da entrega das doações no sábado pela manhã. Vocês poderão ver o resultado desse ato de amor.

As moças se entreolharam e em uma só voz deram a resposta afirmativa.

No sábado, encontraram-se na Casa Espírita e, após uma prece pedindo a proteção dos mentores, saíram em direção ao centro da cidade numa região onde se aglomeravam moradores de rua, em sua maioria dependentes químicos, nos quais as drogas já haviam destruído tudo, inclusive as famílias e todos os laços afetivos.

A distribuição era feita sempre no mesmo sábado do mês, o que fazia com que os necessitados se reunissem para recebê-las. As duas nunca tinham presenciado uma cena como aquela. Tanta miséria, não só de bens materiais, mas, sobretudo, de cidadania e dignidade humana, situações de promiscuidade e degradação moral. Elas participavam dos trabalhos com entusiasmo, procurando passar também um pouco de carinho e calor humano àqueles a quem a vida impunha as maiores desditas.

Terminada a tarefa, a equipe retornou à Casa Espírita onde novamente se fez uma prece agradecendo a oportunidade do trabalho e solicitando a misericórdia divina para aqueles desafortunados, que pudessem ser beneficiados também pelas vibrações da prece.

Por fim o coordenador, dirigindo-se a Natália e Luzia, agradeceu pela colaboração, convidando-as para participarem regularmente do grupo de tarefeiros:

— Minhas irmãs, quando fazemos uma doação e não nos envolvemos com quem as recebe, isto é uma ação de filantropia que não deixa de ter seu valor, mas quando nos envolvemos e sentimos a dor alheia, esta sim é uma ação de verdadeira caridade, conforme o mestre Jesus nos ensinou. Foi por isso que lhes convidei para que pudessem exercer integralmente a caridade.

As duas não haviam pensado sobre esse aspecto da verdadeira caridade, mas por meio das reações daquelas pessoas, começavam a entender mais profundamente as palavras do coordenador. Luzia respondeu:

— Pode contar comigo. Não faltarei mais. Eu quero continuar participando da tarefa.

Natália também confirmou a participação. No caminho de volta, ela comentou:

— Como o amor é envolvente. Há poucos dias eu frequentava a primeira reunião e hoje sou tarefeira da casa.

— É assim mesmo – Luzia respondeu. — Basta que nos coloquemos à disposição e a espiritualidade nos oferece condições para exercermos nossos dons.

Ao chegarem em casa, Raquel, percebendo o entusiasmo e a alegria das moças, perguntou:

— O que aconteceu que vocês estão tão felizes?

Natália relatou tudo que havia acontecido e a mãe disse:

— Que bom, minhas filhas – referindo-se também à Luzia, cuja amizade com Natália parecia mesmo a de uma irmã.

Chegando a Rondônia, Guilherme procurou a pequena cidade nas proximidades da divisa com a Bolívia. Era um lugarejo com poucos habitantes, poucas casas; notava-se que eram construções de bom gosto e, pelos hábitos dos moradores, percebia-se que tinham alto poder aquisitivo. Alguns eram proprietários de grandes fazendas, cuja atividade econômica era principalmente a criação e engorda de gado bovino que abastecia grandes frigoríficos das regiões Sul e Sudeste do país.

Guilherme havia levado um endereço fornecido pelos colegas de cela no qual deveria procurar um homem chamado Miguel. Havia se hospedado em um modesto hotel usando o nome de Carlos, conforme constava na identidade falsa que havia conseguido ainda em sua cidade natal.

Pensou em perguntar no hotel se alguém conhecia o Miguel, que sabia ser pessoa conhecida na cidade e imaginava ser fácil encontrá-lo. Mas logo desistiu da ideia, temendo que pudesse revelar suas intenções e levantar suspeitas, principalmente para a polícia. Resolveu se recolher e descansar da longa viagem que fizera em um caminhão que havia transportado gado para o Sudeste do país. Fizera algumas perguntas ao motorista que não lhe forneceu nenhuma informação, limitando-se a dizer que fora designado unicamente para transportá-lo até Rondônia.

Recolheu-se, mas apesar do cansaço, tinha dificuldade para dormir devido ao calor intenso com que não estava acostumado. Tentou ligar o aparelho de ar condicionado que funcionou precariamente, não conseguindo afastar a nuvem de mosquitos que atacavam sem piedade. Por fim, adormeceu.

No dia seguinte, ainda durante o café da manhã, Guilherme tentou alguma informação junto aos hóspedes do hotel, mas também não conseguiu nada significativo, pois se tratavam de pessoas que estavam de passagem pela cidade e não tinham os conhecimentos que lhe interessavam.

Quando saiu do hotel, foi até uma loja que vendia bolsas e outros artigos relacionados, onde comprou uma pasta. Decidiu que passaria por representante de uma nova empresa que vendia suplementos minerais para bovinos; assim justificaria sua presença na cidade sem levantar suspeitas. Usando essa justificativa, procurou um comércio que vendia máquinas agrícolas e abordou um cliente que saía do estabelecimento.

— Bom dia, senhor! Eu me chamo Carlos, cheguei ontem à cidade e represento uma empresa de suplementos minerais. Como ainda não conheço ninguém por aqui, preciso saber nomes e endereços de proprietários da região para oferecer o meu produto.

— Bom dia! Eu me chamo Jardel. Conheço alguns pecuaristas que são meus vizinhos. Minha fazenda fica próximo à divisa. Lá conheço quase todos.

E o homem foi informando os nomes e orientando sobre como chegar às respectivas fazendas. Uns residiam na cidade.

— Entre meus vizinhos tem um sítio um pouco à frente, no sentido da divisa. É uma entrada bonita e bem cuidada, mas não o aconselho a ir lá. Trata-se de um homem chamado Miguel. Sua casa vive cheia de capangas. Dizem que o sujeito mexe com coisa suja. Contrabando da Bolívia. Sabe do que estou falando?

— Sim. Fique tranquilo. Procuro pecuaristas. Pelo que diz, ele não trabalha com o meu produto.

Era a informação de que Guilherme precisava. Tinha sido mais fácil do que imaginava. Pegou um táxi, procurando ocultar ao máximo o rosto, e forneceu a localização recomendando sigilo ao motorista.

— Pode deixar, senhor. Eu guardo segredo absoluto. Não quero me envolver com essa gente nem com a polícia.

Ao chegar, Guilherme tocou a campainha e um segurança atendeu na portaria, pedindo a identificação.

— Sou Carlos. Quero falar com o Miguel.

— Vou anunciá-lo – o homem disse pegando o interfone. — Da parte de quem?

Guilherme pensou um pouco e respondeu:

— Fininho.

O outro repassou a informação e disse:

— Pode entrar. O chefe vai lhe atender.

Ao entrar, Guilherme se espantou com a fortaleza daquele lugar, além do luxo. Mandaram que esperasse em uma sala ricamente decorada. Ao fundo, um monitor recebia imagens tanto do interior do sítio, delimitado por muros altos, como das áreas externas.

Nessa hora, Guilherme se deu conta de que estava mexendo com coisa pesada e pensou em como chegara àquele extremo.

Tudo começou quando recebera o convite para atuar na campanha do Gilson para prefeito. Depois da eleição, assumiu o cargo de assessor e, em seguida, surgiram as oportunidades de vantagens por meio de práticas ilegais. Havia ganhado muito dinheiro, mas pouco usufruiu. Sua mulher havia se tornado uma pessoa totalmente fútil e os filhos, criados em regime de dinheiro fácil, não aprenderam a trabalhar, principalmente Marcelo que havia se envolvido com o crime e estava preso.

A família se encontrava em dificuldade, vivendo do pequeno salário de Tiago. Reinaldo, superprotegido pela mãe, não amadureceu. E ele, Guilherme, não podia usar nem seu nome verdadeiro. Vivia como foragido da polícia, forçado a lidar com coisa pesada, onde a vida tem pouco ou nenhum valor, nas mãos de bandidos poderosos que visam apenas a manutenção de privilégios e ostentações sem limites.

Era preferível se tivesse continuado no presídio, afinal saíra de uma prisão e entrara em outra pior, onde não se tem segurança alguma. Pensou em desistir, mas temia ser sumariamente executado por aquela organização criminosa, com ramificações por todo o país e no exterior. Pensou também no prefeito Gilson. O principal responsável pelas atividades ilegais estava em liberdade, no exercício do cargo, protegido por leis injustas que visam defender detentores do poder onde uns protegem os outros numa abominável troca de favores. Sentiu-se traído, usado pelo sistema. Como fora ingênuo confiando naquela classe de gente desonesta e inescrupulosa.

Miguel chegou vestindo um quimono de seda estampada, chinelo e óculos escuros. Ao seu lado duas garotas usando roupas provocantes se insinuavam a ponto de deixar Guilherme desconfortável. O anfitrião se apresentou:

— Sou Miguel. Em que posso servi-lo, amigo?

Sentindo-se pouco à vontade para falar sobre o assunto, Guilherme respondeu:

— Meu nome é Carlos, queria lhe falar em particular.

— Pode falar, Carlos. Não tenho segredos com minhas meninas.

Guilherme percebeu que apesar da presença das moças, elas não prestavam nenhuma atenção à conversa, preocupando-se com os cabelos, unhas, roupas, joias e perfumes. Conversavam entre si, demonstrando que não interessavam pelos negócios de Miguel. Isto fez com que ele se sentisse mais à vontade para tratar do assunto de seu interesse e começou a falar:

— Vim aqui a mando de Fininho, um chefe de boca de fumo em minha cidade. Estive preso e consegui fugir, mas como sou uma pessoa conhecida, não tive como permanecer por lá. Fininho contratou um caminhoneiro para me trazer até aqui, de forma a não me expor e correr o risco ser recapturado...

— Eu sei. Seu verdadeiro nome é Guilherme. Fui eu quem disse ao Fininho que o enviasse para cá. Preciso de um homem de minha confiança para executar atividades de nossos negócios em que não posso aparecer. Sei que você é uma pessoa esperta e sabe lidar com gente esperta também. Continue usando o nome de Carlos. Guilherme morreu aqui, entendido?

Nessa hora, Guilherme começou a entender a razão de ter sido incluído entre os que fugiriam. Porque fora ajudado por Fininho e seus comparsas a conseguir a identidade falsa e a carona até Rondônia. Percebeu a ligação entre Fininho, Miguel e os colegas de cela. Agora tudo fazia sentido e mostrava a real dimensão da organização criminosa e onde seus segmentos atuavam. Estava mais envolvido do que pensava.

— Então sabe tudo a meu respeito? – perguntou demonstrando surpresa.

— Sei mais do que você pensa – Miguel respondeu com um sorriso sarcástico. — Sei até que existe um plano para lhe “apagar”.

Guilherme gelou. Não sabia nada sobre aquilo e Miguel não iria detalhar o que dissera. Talvez estivesse blefando, mas não se podia duvidar da rede de informações da organização e nem de suas áreas de atuação.

Miguel, sentindo o fugitivo em suas mãos, mudou o tom da conversa assumindo a postura de um chefe autoritário que tinha seu subalterno sob total domínio.

— Você vai morar em uma de nossas casas aqui no sítio. Terá tudo de que necessita para desempenhar sua função. Armas, veículos e terá meus funcionários sob sua direção. Mas não pense em nada que não seja de nosso interesse. Aqui somos uma comunidade e tudo pertence à organização; não queira levar vantagens pessoais. Isto é considerado traição e temos nossa maneira de punir os traidores, entendeu? Quero relatório diário das atividades.

Só então Guilherme percebeu que havia passado de presidiário a escravo. Miguel reuniu os comandados e apresentou o novo gerente, que foi instalado na casa e recebeu as primeiras ordens do chefe para comprar mercadoria do outro lado da fronteira. A seguir, deveria despachá-la para as bocas de fumo nos maiores centros urbanas do país.

12
Namoro novo

Quando chegou o dia combinado, Rômulo foi até a padaria. Natália já o esperava. Estava vestida com bom gosto e sobriedade. Abraçaram-se quase formalmente e foram para um restaurante. Sentaram-se e fizeram o pedido das bebidas enquanto esperavam o jantar. Rômulo foi quem iniciou a conversa e não economizou argumentos, emendando vários assuntos:

— Natália, eu sou um rapaz simples e me sinto muito solitário. Moro numa pequena cidade próxima daqui e vivo sempre viajando no exercício do meu trabalho. Há três meses terminei um relacionamento de dois anos. De lá para cá não tive mais ninguém. Tentei algumas vezes, mas não deu certo. Quando vi você ao lado de sua filhinha, me encantei com as duas, conforme já lhe falei. A princípio pensei que fosse casada, mas não resisti e me aproximei. Vivo do meu trabalho e não tenho grandes aspirações senão encontrar uma pessoa simples como eu, que seja compreensiva e dedicada para, quem sabe no futuro, constituir uma família. Percebi que você é uma boa moça, que tem muito amor e carinho por sua filha. Gostaria de participar de suas vidas. A Vitorinha é um amor de criança...

Natália se mantinha calada refletindo sobre as palavras de Rômulo. Na verdade, teve vontade de interromper e fazer perguntas em alguns pontos, mas preferiu se calar. No momento oportuno procuraria saber mais detalhes.

— Gostaria que me falasse sobre você. Quero conhecê-la melhor – ele disse sorrindo.

— Não tenho nada de especial para dizer – Natália falou. — Também tive um namorado por alguns meses. Desse relacionamento nasceu a minha filha. Mas não deu certo e resolvi criar a Vitória sozinha. Meus pais abriram a padaria quando eu era ainda criança e sempre trabalhei lá. Tive um irmão que faleceu em um acidente de carro recentemente... Foi uma perda muito sofrida, pois tanto Claudio como Rafael são irmãos que amo muito. Meu pai havia se afastado da padaria, mas com a morte do Claudio reassumiu o trabalho para não sobrecarregar o Rafael.

Ela fez uma breve pausa antes de prosseguir:

— Tudo foi construído com muita luta. Não somos ricos, mas nunca nos faltou nada. A padaria Pão Nosso foi sempre uma escola para nós. Lá aprendemos a trabalhar, conhecemos a maioria dos nossos amigos e passamos a juventude felizes, com muito amor e carinho da maioria das pessoas do bairro. Recentemente me formei em Serviço Social, trabalho alguns dias da semana em uma ONG, e nos outros continuo ajudando na padaria. Há poucos dias conheci uma Casa Espírita. Estou encantada. Já faço parte até de uma tarefa.

Rômulo, após ouvir com atenção o relato da moça, perguntou?

— Posso pedi-la em namoro aos seus pais? Eu gostaria muito de ter uma chance ao seu lado.

Natália sorriu, mas sem abandonar o semblante sério com que encarava aquele assunto.

— Sim, Rômulo. Eu também gostei de você e acho que podemos nos dar uma chance, mas tenho uma coisa para lhe falar: eu ainda amo o Marcelo, pai da minha filha. Talvez com o tempo isso possa mudar e eu passe a amar você. Agora não tenho certeza de como serão os meus sentimentos. Quero esquecer o Marcelo, pois não vejo a menor possibilidade de ficarmos juntos, mas o vínculo dele com a minha filha nunca acabará. Portanto eu também estarei sempre em contato com ele por causa da Vitória. Tenho medo de que esta convivência possa interferir em nosso relacionamento...

— Eu entendo, Natália – Rômulo a interrompeu de modo convincente. — Serei compreensivo com você e tenho certeza de que seremos muito felizes. O tempo fará com que esqueçamos os sentimentos do passado e o amor puro nascerá em nossos corações, fazendo com que nos amemos muito.

Ao dar a entender que também amava outra pessoa e que estava disposto a esquecê-la por causa de Natália, Rômulo criava uma condição para cobrar dela mais tarde a mesma postura. No fundo, sentira-se desconfortável em saber que sua pretendente ainda amava o ex-namorado e que não estava disposta a afastar pai e filha de um convívio mais estreito.

Apesar do sim de Natália, a sinceridade da moça o deixou um tanto desapontado. Ele não esperava que o relacionamento anterior ainda influísse em seus sentimentos. Principalmente por se tratar de um sujeito que não quis assumir a paternidade da filha e ainda acabou preso por provocar a morte do cunhado. Ele não conseguia entender o sentido daquilo. Entretanto, a forma como a moça expôs seus sentimentos, demonstrando clareza e maturidade, deixou-o encantado e o fez se sentir desafiado a conquistá-la a qualquer custo.

— O tempo nos dirá qual sentimento prevalecerá entre nós – ele falou abrindo um largo sorriso. — Procuremos esquecer tudo e iniciar vida nova, sem deixar que o passado interfira negativamente em nosso futuro.

— Claro – Natália falou retribuindo ao sorriso dele. — Já tomei a decisão de fazer tudo para esquecer o passado e começar vida nova.

Natália colocou doçura em suas palavras e Rômulo pôde perceber quanto amor havia naquele coração. O desafio estava em fazer com que aquele sentimento passasse a ser dedicado a ele.

O tempo havia passado rapidamente quando o casal percebeu que era a hora de voltarem, pois Rômulo precisava fazer o pedido formal de namoro aos pais da moça. Chegando em casa, após as apresentações, Rômulo se dirigiu a Jonas e Raquel prometendo fazer de tudo para que a namorada fosse feliz. Raquel fez questão de servir uma sobremesa, quando, juntamente com Jonas, desejou boas-vindas ao rapaz.

Despediram-se com carinhos discretos, marcando novo encontro para dali a alguns dias. Raquel esperou a filha entrar em casa para saber mais detalhes sobre o novo namorado, mas a moça pouco falou e foi se recolher.

No dia seguinte, após o expediente de trabalho, Natália procurou Luzia. Queria dividir com a amiga as impressões do primeiro encontro e os sentimentos que foram despertados. A amiga a ouviu sem disfarçar a alegria de vê-la disposta a refazer a vida, abrindo seu coração para um novo amor.

— Isso mesmo – Luzia disse depois de ouvir todo o relato. — Deixe os sentimentos fluírem, Natália. O tempo mostrará os novos rumos da sua vida. Não deixe que sentimentos antigos impeçam a sua felicidade. O que tiver de ser, será. Com o tempo tudo se tornará claro e, se não for, peça a Deus que tire logo esse rapaz do seu caminho.

— Sim, Luzia, o tempo dirá – Natália concordou pensativa.

Conversaram por um longo tempo e terminaram falando sobre as novas experiências na Casa Espírita.

Já fazia um tempo que Natália e Rômulo haviam oficializado o namoro quando o rapaz a convidou para conhecer sua mãe. Natália se preparou escolhendo uma roupa delicada, discreta, mas que não deixava de destacar seu lado feminino. Orientada pelas informações do namorado sobre os gostos de sua mãe, comprou um presentinho que pudesse agradar a futura sogra.

Na data marcada, o casal se dirigiu à casa da mãe de Rômulo. Quando chegaram, Natália observou a casa. Uma pintura já desbotada pelo tempo e à frente um jardim que demonstrava traços de abandono. Nenhuma flor ou planta que denotasse cuidados e amor pela natureza. Natália sentiu uma energia ruim lhe correr pelo corpo. Ao entrarem, Rômulo chamou a mãe e uma senhora aparentando pouco mais de cinquenta anos apareceu na sala.

— Bom dia, mãe!

— Bom dia!

— Eu trouxe a Natália para conhecê-la.

Natália tomou a frente, num gesto de cortesia, e a cumprimentou:

— Bom dia, dona Conceição! Eu sou Natália. Seu filho já me falou da senhora...

Antes de responder ao cumprimento, a mulher a olhou da cabeça aos pés, chegando a deixá-la desconcertada. Em seguida, respondeu:

— Bom dia! – e não disse mais nada.

Estabeleceu-se momentaneamente um silêncio. Rômulo tomou a palavra quebrando o clima de apreensão.

— Esta é Natália, a namorada de que lhe falei.

A mulher estendeu a mão num gesto frio, puramente formal, sem nenhuma expressão de acolhimento ou cortesia. Rômulo novamente tomou a iniciativa, fazendo o convite para se sentarem. Natália tirou da bolsa um embrulho oferecendo o presente à mulher. Esperava que aquela atitude provocasse o início de um assunto.

Conceição agradeceu friamente o presente, sem mesmo abrir o embrulho, colocando-o no móvel ao lado, quebrando a expectativa do começo de um diálogo mais descontraído. Rômulo não esperava que a mãe recebesse a namorada calorosamente, pois a conhecia o bastante para saber que ela não era pessoa de se afeiçoar rapidamente às pessoas, mas não esperava que a recepção fosse tão fria.

Tentando novamente estabelecer um diálogo, convidou a namorada para visitar a horta que a mãe cultivava no quintal, tentando valorizar a atividade de que Conceição gostava. Realmente essa iniciativa fez com que a mãe falasse mais descontraidamente das variadas hortaliças e plantas medicinais cultivadas na horta. A conversa se limitava aos assuntos relacionados à qualidade dos alimentos ali produzidos e das propriedades de suas plantas, que eram usadas para tratar as inúmeras doenças de que a mulher se queixava.

Enquanto Natália ouvia as queixas da futura sogra, Rômulo foi até a cozinha e preparou um pequeno lanche. Sentaram-se e lancharam quase em silêncio porque nem mesmo o rapaz encontrava um assunto que interessasse a todos.

Terminado o lanche, Rômulo convidou a namorada para visitar seu quarto, mostrando um pouco da rotina do seu dia a dia. Pararam diante de uma coleção de medalhas e pequenos troféus conquistados no futebol, o esporte de sua preferência, quando se destacava em clubes que disputavam campeonatos amadores.

Conceição não os acompanhou até o quarto, permanecendo no quintal, cuidando de suas plantas. Ao saírem, Natália novamente tomou a iniciativa da conversa:

— Foi um prazer conhecê-la, dona Conceição. Quero aprender a cuidar de plantas como a senhora. Elas são maravilhosas!

Natália procurava ressaltar as qualidades da mulher, elogiando a atividade de que ela gostava, mas não criou nenhuma expectativa de um relacionamento prazeroso. A mulher estendeu a mão a Natália e respondeu aos elogios esboçando um sorriso forçado.

Depois que saiu da lavanderia, Marcelo trabalhou na limpeza e também não se adaptou. Até que surgiu a oportunidade de trabalhar como ajudante em uma carpintaria montada no presídio com a finalidade de ressocializar os detentos, ensinando uma profissão que lhes garantisse o sustento após deixarem o presídio.

O rapaz ganhou a confiança do carpinteiro, passando a ser designado para executar tarefas mais complexas como a fabricação de móveis. A essa altura, as coisas começavam a melhorar.

O trabalho contribuía para a redução de sua pena. Quando atingisse um terço do tempo a que fora condenado, teria direito ao sistema semiaberto, quando o detento sai do presídio durante o dia para trabalhar e retorna à noite; isto condicionado ao bom comportamento do mesmo.

Marcelo se mantinha entusiasmado com o benefício, fazendo com que se dedicasse cada vez mais às tarefas que lhe proporcionavam mais experiência e que facilitaria sua reinserção na sociedade, quando fosse libertado.

Sofia, quando visitava Guilherme, fora obrigada a vencer o orgulho e se submeter à disciplina do presídio, inclusive às revistas íntimas. Isto facilitou as visitas ao filho, o que ela às vezes fazia em companhia de Thiago. Marcelo gostava do convívio familiar e se sentia feliz nesses momentos. Sofia se tornara mais atenciosa com ele, sempre levando frutas e doces que complementavam a alimentação do presídio.

Nesse período, Guilherme enviava cartas e algum dinheiro por intermédio de Fininho, que mandava entregar regularmente na casa de Sofia. Nas cartas, fazia promessas dizendo que no tempo oportuno levaria a esposa para junto de si, na cidade onde passara a residir, mas da qual nunca dizia o nome. O dinheiro de Guilherme dava para cobrir as despesas da casa, aliviando a contribuição de Thiago.

Com o tempo, Guilherme havia adquirido conhecimento nas transações do tráfico, inclusive junto a fornecedores bolivianos e aos transportadores das mercadorias que, além de abastecerem o mercado interno, era também direcionada ao exterior em navios de transporte de containers de alimentos dos portos brasileiros, principalmente para países da Europa.

Certa vez, viajando com comparsas do sítio para realizarem os negócios além da fronteira da Bolívia, um homem chamado Rogério lhe perguntou:

— Carlos, você sabe por que o Miguel o mandou para cá?

— Não. Não sei. Você sabe?

— Sei, sim, mas não comente com ninguém que lhe falei. O Miguel mandou matar o homem que fazia sua função antes de você chegar. Ele era uma boa pessoa, mas sabia demais e o Miguel teve medo de que ele se associasse a outras pessoas fortes na organização do tráfico e tomassem o lugar dele. Por isso mandou "apagar" o homem. Ninguém fica na sua função por muito tempo. Sempre a pessoa desaparece e ninguém fica sabendo onde foi parar. Por isso abra o olho, pois o Miguel já deve estar pensando em substituí-lo.

— Como você sabe disso?

— O "Tubarão" é o homem que faz esse serviço – disse, referindo-se ao codinome do matador.

— Fique tranquilo. Não direi a ninguém que você me alertou. Tenho que tomar uma providência antes que seja tarde. Aceita me ajudar?

— Eu topo, sim. Acho que estão de olho em mim também. Só lhe contei porque eu também preciso dar um jeito, acho que estou na lista. Estamos juntos. Conte comigo.

— Amanhã vamos falar com o Aguilar. Ele é o homem forte do lado da Bolívia que vai nos ajudar.

— Cuidado, hein? Isto é muito perigoso. Esse homem pode "apagar" a gente.

— Eu sei o que estou falando. O Aguilar não gosta do Miguel e está armando uma para eliminá-lo. A gente fica do lado dele e ele nos dará proteção.

— Não sei, não... Não se pode confiar nessa gente.

— Não temos escolhas. Eu já desconfiava do Miguel. Ultimamente senti que havia uma coisa estranha. O jeito dele mudou ao tratar comigo. Fique pronto. Sairemos amanhã de madrugada.

— O Miguel não vai desconfiar?

— Não. Eu já tinha uma ordem dele para negociar um carregamento com o Aguilar.

Conforme combinaram saíram pela madrugada.

13
Nos dois planos, a vida segue

Claudio se encontrava mais adaptado à colônia do Triunfo. Era cercado da atenção dos amigos espirituais, principalmente de Sandra e Javier. Numa manhã, enquanto passeavam por uma avenida arborizada, sentaram-se no banco de uma praça onde recebiam o calor do sol. Claudio, olhando para o horizonte, deixou o pensamento vagar, lembrando-se de sua vida na Terra. Lembrou-se da época de criança quando brincava com os garotos do bairro, dos irmãos, do período da escola primária, da primeira professora...

Se pudesse, voltaria ao passado. Como havia sido feliz no convívio com os pais e na padaria Pão Nosso, quando começou a executar as pequenas tarefas. Aquela casa fora o ponto de encontro dos amigos, das garotas na adolescência. Lembrou-se da faculdade, os primeiros períodos... Da namorada... Como amava aquela garota, quantos planos para o futuro. Tudo interrompido bruscamente por aquele acidente. Como seria a vida se o acidente não tivesse alterado tudo...

Sandra e Javier apenas observavam. Percebendo as ondas do pensamento de Claudio, Sandra adiantou:

— Sente saudades dos entes querido da Terra?

— Sim, as saudades são grandes. Depois de minha partida, não tive mais notícias deles. Nem mesmo de minha avó Carolina e do tio Alberto, que estiveram comigo auxiliando em minha passagem. Imaginava que estariam aqui comigo.

— Você precisava de tempo para se adaptar à colônia. Talvez, se estivessem com você, isto poderia estabelecer um vínculo com sua família e impedir que progredisse nos conhecimentos sobre a vida espiritual. Agora que já entendeu bastante sobre a vida em Espírito, gostaria que eles estivessem com você?

— Eu iria adorar. Não tive tempo nem de agradecer a ajuda que me deram durante a minha passagem. Eu os amo muito.

Nesse momento, Sandra e Javier se postaram de pé à frente do rapaz e a moça disse:

— Olhe para nós, Claudio.

Imediatamente Sandra foi se transfigurando e se transformando na avó Carolina. Claudio reconheceu a veneranda senhora e, abraçando-a, perguntava:

— Por que se ocultou de mim? Quem é Sandra, a moça que me recebeu com tanto carinho aqui na colônia?

A avó explicou:

— Quando estamos no plano espiritual, podemos nos apresentar com a aparência de quando éramos mais jovens ou mais idosos. Quando você me conheceu, eu já era idosa na Terra. Na sua passagem, precisava que você me reconhecesse para se sentir mais acolhido e foi por isso que me apresentei daquela forma, mas aqui foi o contrário. Não queria que me reconhecesse, para não conservar os vínculos da carne e lhe causar mais sofrimento. Eu sempre estive com você, meu querido!

— E o tio Alberto, onde está?

— Olhe para Javier.

Imediatamente Javier foi tomando a aparência do tio Alberto e os dois logo se abraçaram comovidamente.

— Por que usam esses nomes: Sandra e Javier? – Claudio perguntou.

— São nomes que tínhamos em uma encarnação anterior. Eu vivi no Brasil, mas Javier viveu na Espanha em sua vida passada.

Javier apenas fazia gestos de concordância com as palavras de Sandra.

— Por que você, Javier, que viveu na Espanha, reencarnou no Brasil e em nossa família?

Javier olhou para Sandra que fez uma expressão como se autorizasse a resposta.

— Todos nós fazemos parte de um mesmo projeto reencarnatório que visa uma causa muito nobre – ele falou. — Aceitamos reencarnar unidos por laços de sangue para atuarmos nesta causa entendeu?

— Eu também, quando encarnei na Terra, fazia parte desse projeto?

— Sim, claro, toda reencarnação tem um objetivo útil.

— Qual é este projeto e por que não me lembro de ter aceitado a minha missão?

— Você saberá no tempo certo.

Claudio sentiu um pequeno desapontamento, afinal, a curiosidade era grande.

— Quando estamos encarnados, somos manipulados para correspondermos às necessidades do projeto?

— Não. De forma alguma. Temos nosso livre-arbítrio que sempre é respeitado, mas os grandes mentores criam situações para que possamos atuar em favor do sucesso do projeto no qual estamos inseridos.

Nossa mentora Clara fala em uma de suas obras: "A vida é um grande teatro escrito por Deus, conduzindo seus filhos a níveis mais elevados na trajetória da existência". Como no teatro, a peça é do autor, mas a atuação dos atores depende de cada um segundo suas potencialidades, se de forma correta ou fora do contexto, prejudicando o espetáculo. O diretor dá as coordenadas da cena, mas cabe aos atores o desempenho dos papéis. Entendeu?

— Como desempenhei meu papel no contexto reencarnatório?

— Isto somente sua consciência irá dizer no momento que se inteirar integralmente do projeto.

Novamente Claudio se deixou conduzir por divagações e em seguida voltou a perguntar:

— Sinto enorme saudade dos meus entes queridos encarnados. Eu poderia voltar à Terra para vê-los?

Gostaria de conhecer meu sobrinho que nasceu após o meu desencarne.

Sandra, tomando a palavra, respondeu:

— Sim, mas tudo a seu tempo, como disse Javier. Por enquanto deixe que eles caminhem sozinhos, tenho certeza de que tudo dará certo e nosso projeto terá pleno êxito.

— Mas nós Espíritos podemos ajudar intuindo-os para não desviarem dos caminhos do projeto?

— Sim, mas existe um tempo em que eles precisam caminhar sozinhos. Isto faz parte dos seus processos evolutivos. Eles terão que ser os autores de suas próprias evoluções.

— Quando saberemos o momento de atuar?

— Acalme-se. Lembre-se de que Jesus está no controle e Ele nos disse que não deixará que nenhuma das ovelhas da casa do Pai se perca. Ele é nosso mestre e guia. Amoroso e dedicado e está sempre atento para nos ajudar nos momentos mais difíceis.

Guilherme, acompanhado de Rogério, atravessou a fronteira se dirigindo para o interior do país vizinho à procura de Aguilar, homem forte da organização criminosa no setor de comércio de entorpecentes, com líderes do tráfico no Brasil.

Para se chegar à fortaleza do boliviano, teriam que passar por uma estrada de terra muito estreita, cheia de curvas. Quando estavam nas proximidades do sítio de Aguilar, numa curva da estrada, depararam-se com uma caminhonete impedindo a passagem. Pararam. Nesta hora, saíram dois indivíduos fortemente armados do interior da caminhonete, dando ordens para que os dois descessem do carro.

Guilherme, reconhecendo Tubarão, percebeu que havia caído em uma cilada e que Rogério se fizera de aliado para atraí-lo à emboscada. Tudo a mando de Miguel. Sacou de uma pistola e apontou para a cabeça de Rogério, passando o braço em seu pescoço. Usando-o como escudo, adentrou na mata sendo seguido por seus perseguidores.

Percebendo que não conseguiria escapar agarrado a Rogério, deu-lhe uma forte coronhada na cabeça deixando-o para trás, atordoado, e desapareceu na mata.

Os comparsas de Miguel persistiram na perseguição e Rogério pegou novamente o carro, retornando ao sítio e dizendo a Miguel que a empreitada havia sido cumprida, pois o grande chefe não admitia fracassos.

As cartas e o dinheiro de Sofia não chegavam. Isto a obrigou a procurar Fininho e dizer:

— Você não me entregou a carta nem o dinheiro que meu marido mandou. Eu vim buscar.

— Calma, dona Sofia. Veja como fala. Se eu apenas fizer um sinal "os mano te manda pro inferno sem passagem de volta".

Sofia, que procurava acusar Fininho, logo mudou o tom da conversa dizendo:

— Não estou lhe acusando, estou apenas perguntando pelo meu dinheiro.

— Ah, sim. Agora podemos conversar. Fininho não aceita ameaças, entendido?

— Quero apenas o meu dinheiro.

— A madame é arrogante...

— Vai me passar meu dinheiro?

— Dona Sofia, seu marido está mortinho da silva. Apagaram ele.

Sofia se assustou. Tentava não acreditar, fazendo perguntas, mas o bandido não lhe deu mais atenção. Fez um sinal aos comparsas que a colocaram na rua.

Fininho informou a Sofia que Guilherme havia morrido seguindo as informações de Miguel, já que Rogério o havia enganado dizendo que o serviço estava feito. Porém ninguém teve notícias de que seu corpo houvesse sido encontrado.

O tempo foi passando, Vitória estava bem crescidinha. Era uma criança inteligente, esperta, conhecia todos, principalmente os familiares e pessoas mais próximas. Jonas e Raquel sempre lembravam a filha sobre a necessidade de batizar a neta segundo os costumes católicos. Natália ouvia, mas sempre adiava a iniciativa.

Um dia, Natália procurou Luzia e perguntou:

— Sendo eu espírita, você acha que devo batizar a Vitória segundo a tradição católica?

— Acho que não tem nenhum problema – a amiga respondeu. — Embora o espiritismo não adote nenhum ritual, nenhuma cerimônia ou ícone, não condena outras práticas, principalmente se elas estiverem de acordo com os princípios do amor e caridade. Jesus é nosso modelo e guia. Os rituais católicos também são em nome dele, então são caminhos diferentes para se chegar aos mesmos objetivos: amor ao próximo, misericórdia e perdão. Seus pais nasceram e foram criados no catolicismo. É muito difícil para eles aceitarem outras práticas senão aquelas a que estão acostumados. Não podemos impor nossas crenças a ninguém, pois tudo depende dos anseios de cada um. Não podemos mudar as pessoas, devemos sim, por meio de nossas ações, promover o crescimento interior de outras pessoas, mas as mudanças têm que partir de dentro para fora. Cada um tem seu tempo para o despertamento.

Luzia fez uma breve pausa e explicou:

— Dentro do próprio espiritismo encontramos pessoas que apenas seguem o que lhes é trazido sem questionamentos, apenas correspondendo a estímulos que lhes são fornecidos, agindo como robôs programados para reagir conforme seus programadores. Assim como encontramos em outras religiões pessoas completamente preparadas para absorverem a essência do conhecimento. Acho que você deve cumprir o gosto de seus pais. Isto não quer dizer que Vitória, ao longo de sua vida, não seja livre para escolher o caminho que desejar seguir. Rafael e Laura se sentiram honrados por serem convidados para padrinhos. Se você não fizer o batizado, nunca se sentirão verdadeiramente padrinhos de Vitória e eles têm muita contribuição a dar para ela por meio de exemplos como pessoas honradas, cumpridoras de seus deveres. Acima de tudo eles amam a sua filha e tenho certeza de que não medirão esforços para que ela seja muito feliz.

Natália ouvia com atenção as palavras de Luzia que cada vez mais faziam aumentar sua admiração pela amiga. Realmente era aquilo mesmo, o amor é manso, não provoca polêmicas, age de pacificamente provocando a mudança interior que transforma as pessoas. De repente as ações, e principalmente as reações, se tornam brandas, serenas, mas persuasivas, nos aproximando das condutas de Jesus quando ensinava com palavras doces e amorosas.

14
Ajuda à família de Marcelo

Passaram-se alguns dias e o batizado foi realizado em um clima de alegria entre os familiares que se esforçaram nos preparativos da cerimônia. Rafael e Laura estavam radiantes, orgulhosos da afilhada que encantava a todos pela graça e sorriso meigo que distribuía. Jonas e Raquel reviviam as emoções que não sentiam desde que os filhos cresceram.

Mais algum tempo e chegava a data do casamento de Rafael e Laura. Vitória, agora mais crescida, foi escolhida para dama de honra. Tudo com muito gosto, inclusive as roupinhas das damas tinham o toque especial de Laura, que empenhou com esmero para que a afilhada se tornasse mais uma atração na cerimônia.

Quando a menina entrou de mãozinhas dadas com uma criança da família de Laura, chamou a atenção de todos. Era uma festa digna de uma família que soube conquistar a amizade e simpatia da maior parte da população do bairro.

Pouco tempo depois, Natália e Rômulo resolveram se casar, mas, ao contrário de Rafael e Laura, o casamento foi feito apenas no cartório civil, seguido de pequena comemoração na casa dos pais da noiva, onde os amigos da Casa Espírita se reuniram e fizeram uma prece em favor do casal, pedindo a Jesus e aos Espíritos de luz proteção, desejando felicidades, além de sabedoria para criarem os filhos que Deus lhes confiasse. Dona Conceição compareceu usando uma roupa totalmente inadequada à ocasião.

Após o casamento, Natália e Rômulo saíram em viagem de lua de mel que durou cerca de uma semana. Rômulo fazia tudo para agradar a esposa, e Natália procurava corresponder, apesar de notar algumas inseguranças e imaturidades do marido.

Ao chegarem, alugaram uma casa modesta num bairro do lado oposto à casa de Jonas e Raquel. Rômulo enfatizava que não queria morar próximo à família da esposa para evitar interferências por parte dos sogros e demais familiares.

Vitória se mostrou triste, pois não queria se separar dos tios e avós. Isto repercutiu na saúde da menina que, vez por outra, estava doente, às vezes com febre. Quando levada ao pediatra, ele dizia que se tratava de um choque emocional pela separação brusca dos entes queridos. Rômulo, apesar de não maltratar a enteada, pouco fazia para agradá-la ou ajudar a esposa nos cuidados com a filha.

Vitória, por sua vez, nunca se simpatizou com Rômulo. Desde a fase de namoro dos dois, a menina o evitava e quando estava em sua presença não era a mesma criança alegre cheia de graça que encantava a todos. Pelo contrário, mostrava-se irritada, exigindo atenção integral da mãe. Após o casamento, tudo se agravara, o que chegava a irritar Rômulo que passou a tratá-la com indiferença.

Natália ficava cada vez mais preocupada. Não podia deixar de dar atenção à filha, mas também não podia deixar de atender o marido cada vez mais exigente de carinho e atenção.

Jonas e Raquel, também abalados pela separação da netinha, procuravam se acercar de Vitória, principalmente quando ficavam sabendo que se encontrava doentinha. Com o passar do tempo, começaram a perceber que o genro mal lhes dava atenção, procurando abordar problemas do dia a dia em sua frente para deixá-los irritados e afastá-los de sua casa.

Raquel foi quem propôs que Vitória passasse alguns dias em sua casa. Dirigindo-se à filha perguntou:

— Minha filha, nós estamos muito tristes pela saudade e preocupação com Vitória. Deixe que a levemos conosco para passar uns dias em nossa casa. Acho que ela vai gostar, porque sei que ela também sente falta de nós. Se você sentir saudade, passe lá o dia que quiser para vê-la. Será bom para todos nós.

Natália sentiu um choque. Nunca havia se afastado da filha, apesar de que Vitória amava os avós e estava perfeitamente acostumada a ser cuidada por eles. Pensou um pouco e respondeu:

— Tudo bem, mãe, mas não será por muito tempo. Não consigo ficar sem minha filha. Vou perguntar ao Rômulo se ele está de acordo – e, dirigindo-se ao marido, perguntou: — Você concorda?

— Não tenho nada contra – ele disse prontamente.

Apesar de procurar se mostrar indiferente, todos notaram que ele havia gostado da ideia.

O trabalho de Natália passou a exigir sua atuação no sistema prisional, assistindo aos detentos e seus familiares preparando-os para as adaptações da vida em família e na sociedade, no momento em que ganhassem a liberdade. Isso incluía incentivo para que as famílias criassem expectativas para que o detento lutasse para conquistar a liberdade por meio de bom comportamento no presídio e se qualificasse para enfrentar o mercado de trabalho.

Analisando as fichas dos detentos, encontrou a de Marcelo. Procurou começar por uma visita à família. Nessa época, Sofia passava por grandes dificuldades, vivendo em um padrão de vida muito aquém do que ostentava antes da prisão de Guilherme, morando em uma casa modesta na periferia da cidade.

Ao ser atendida, Natália teve dificuldades para reconhecê-la, pois havia envelhecido muito. Antes, andava com cabelo e unhas bem cuidados; sempre maquiada.

Agora parecia outra pessoa. O cabelo parecia ter sido pintado há muito tempo, deixando ver a região próxima à raiz totalmente branca. Unhas por fazer e a pele apresentava aspecto de envelhecimento. Natália cumprimentou, já prevendo que não seria bem recebida.

— Bom dia, dona Sofia!

A mulher não respondeu ao cumprimento. Pensou em bater a porta, mas em um segundo momento imaginou que a moça pudesse lhe trazer algum benefício financeiro, pois sabia que Natália era assistente social e na condição em que se encontrava, não podia se dar ao luxo de recusar. Então perguntou em tom áspero:

— O que você quer? Veio se vangloriar do que aconteceu conosco?

— Não, dona Sofia. Estou trabalhando para assistir às famílias de pessoas que estão privadas de liberdade. Gostaria que a senhora respondesse às perguntas de um questionário para que possa receber os benefícios a que tem direito.

Sofia esperava uma oportunidade para humilhar Natália, mas a necessidade fez com que desistisse e aceitasse a ajuda.

Natália, temendo ser desacatada, disse:

— Estou trabalhando para que a senhora receba o auxílio reclusão a que tem direito.

A expressão da mulher mudou. Convidou a moça para entrar e se interessou em preencher o formulário. A conversa transcorreu como se não se conhecessem e os assuntos se restringiram exclusivamente às perguntas que o documento pedia. Natália sabia da delicadeza da situação e até mesmo por uma questão humanitária, procurou agir com o máximo de profissionalismo, despedindo-se formalmente.

Durante a entrevista, ficara constatado que a família preenchia os requisitos para a concessão. Por isso ela deu entrada na documentação, requerendo o benefício.

O trabalho também exigia que fossem feitas entrevistas com os detentos, visando exigir da direção do presídio a concessão dos direitos que a lei previa, uma vez que nem sempre havia justiça neste quesito, prevalecendo interesses pessoais; favorecendo uns e prejudicando outros.

Chegara a vez da entrevista com Marcelo. Quando o rapaz foi informado de que receberia a visita de uma assistente social, sentiu-se feliz, aliviado do sentimento de abandono por parte do poder público. Recebia visitas apenas da mãe e raramente do irmão. Quando entrou na sala onde se realizaria a entrevista e avistou Natália, seu coração disparou. Imaginou que a moça estaria o pretexto da entrevista para visitá-lo e, controlando a emoção, cumprimentou-a:

— Boa tarde, meu amor! Pensei que havia se esquecido de mim. Não sabe quanta saudade sinto de você e da Vitorinha.

Natália também sentiu o coração bater forte, mas num esforço hercúleo se dominou e respondeu formalmente:

— Boa tarde, senhor Marcelo! Sou assistente social e gostaria que nossa conversa transcorresse estritamente no âmbito profissional. Preciso que me responda algumas perguntas para que possa acompanhar os trâmites da concessão dos benefícios a que tem direito. Sei que se aproxima a data em que terá direito à progressão de sua pena e a organização para a qual trabalho tem como finalidade acompanhar e fiscalizar a concessão desses benefícios.

O rapaz se sentiu extremamente desapontado. Não sabia o que dizer. Custou a acreditava que estava diante de Natália, a mulher que outrora lhe oferecera amor, compreensão; que lhe deu uma filhinha maravilhosa. A mulher meiga e carinhosa que um dia se entregou a ele sem reservas, sonhando ser sua esposa. Sentou-se mecanicamente sem dizer nenhuma palavra.

Natália, ainda segurando a emoção, passou a formular as perguntas que eram respondidas algumas vezes por meio de acenos de cabeça ou expressões faciais, enquanto preenchia o formulário sem levantar os olhos do papel. Ao terminar, a moça se levantou da cadeira dizendo:

— Boa tarde, senhor Marcelo! Acompanharemos os benefícios a que tem direito e no tempo justo estará usufruindo deles. Ajeitou os papéis em uma pasta solicitando ao carcereiro a abertura da porta de saída.

Marcelo ainda permaneceu sentado por alguns instantes, como se estivesse em estado de choque. Era muito difícil acreditar que aquela mulher meiga e carinhosa havia se transformado em uma profissional fria, que não lhe deu oportunidade nem de perguntar pela filha que vira apenas uma vez, mas que conquistara definitivamente o seu coração.

Quando Natália se levantou, Marcelo pôde ver a aliança em sua mão esquerda.

No plano espiritual, Claudio passou a desfrutar do convívio mais intenso com a vó Carolina e o tio Alberto, depois que ficou sabendo de seus vínculos familiares. Passou a visitar mais frequentemente o pavilhão da reencarnação e a estudar mais detalhadamente as encarnações das pessoas que fizeram parte de sua última experiência encarnatória.

Descobriu que em sua encarnação anterior fora filho de uma família de posses. Havia levado uma vida de ostentações, não tendo respeito pelas pessoas mais simples. Participou da direção da empresa do pai no ramo de transporte coletivo intermunicipal. A empresa tinha um setor de oficina onde a manutenção dos ônibus era feita na própria empresa. Era responsável pela compra de peças de reposição e controle sobre os mecânicos que executavam os reparos. Com a finalidade de baixar custos, mesmo contra as orientações do pai, optava por comprar as peças no mercado paralelo e às vezes fazia com que os mecânicos usassem peças usadas, o que colocava em risco a vida de motoristas e passageiros.

Alertado para esses riscos, reagia com severidade chegando a ameaçar os funcionários até de demissão, caso descumprissem suas ordens. Em uma ocasião, um mecânico chegou até a se demitir, temendo que ocorresse um acidente e que fosse responsabilizado por utilizar peças inadequadas e de má procedência.

Numa viagem, o motorista, ao entrar em uma curva da estrada com o ônibus lotado de passageiros, uma peça da direção quebrou provocando o capotamento do veículo, que foi projetado para fora da estrada, caindo em uma ribanceira. Nesse acidente, o motorista e alguns passageiros perderam a vida. Outros, gravemente feridos, ficaram com sequelas para o resto de suas vidas.

Ao tomar conhecimento desse episódio, Claudio foi tomado de grande comoção e tristeza. Vó Carolina, que sempre o acompanhava, disse procurando consolá-lo:

— Meu querido, não deixe que estes acontecimentos lhe perturbem. Os fatos acontecem seguindo uma programação muito mais ampla. Tudo tem um propósito. Aquelas pessoas que desencarnaram ou se feriram naquele acidente também tinham resgates a cumprir ou aceitaram a missão de ajudar o resgate de outros. Nada acontece aleatoriamente. Fique tranquilo. Quando aceitou assumir seu papel nesta última encarnação, já estava previsto que você resgataria o passado, onde foi corresponsável por aquele acidente. A padaria Pão Nosso, que foi fundada por seus pais, era uma empresa idônea e nunca usou métodos que prejudicassem a saúde de seus clientes, sempre oferecendo produtos confeccionados por matéria prima da mais alta qualidade. Você foi um funcionário que sempre cumpriu seu dever com a maior lisura e cuidado pela qualidade dos alimentos. Seu pai pôde lhe transmitir os conceitos morais que lhe faltaram na encarnação anterior. Por fim desencarnou em um acidente trágico, provocado por uma pessoa que também levava uma vida de ostentações.

— Então meu desencarne precoce foi por causa das minhas próprias ações do passado?

— De certa forma sim, meu querido. Veja como se sente mais aliviado por tomar conhecimento de seu resgate. Mas não é só isso; ao desencarnar, você colaborou para que outras pessoas também resgatassem seus débitos ou cumprissem seus propósitos missionários.

— Então meus pais, quando agiram com honestidade e cuidado com os alimentos, estavam resgatando débitos do passado em relação aos nossos clientes?

— Isto não nos cabe saber, muito menos julgar. O importante nesse momento é que você faça a sua reflexão. Mais tarde, eles terão a oportunidade de refletirem quanto ao aproveitamento de suas vidas.

Realmente, depois das explicações de Vó Carolina, Claudio se sentiu mais aliviado da culpa que sentiu por ter sido o responsável indireto pelo acidente. Soube que aqueles que sofreram as consequências tinham também débitos a resgatar e que o acidente proporcionou a oportunidade desses resgates ocorrerem.

Lendo os pensamentos de Claudio, Vó Carolina voltou a falar:

— Apesar de tudo fazer parte de um plano mais amplo, quando somos causadores de algum sofrimento a outras pessoas, o fato de elas poderem cumprir seus resgates não tira a nossa responsabilidade. É por isso que no passado você aceitou desempenhar seu papel nesta última encarnação para resgatar esta culpa.

Por meio dessas reflexões, Claudio começou a despertar novamente para os conhecimentos do plano espiritual.

15
Fidelidade de esposa

Ao retornar da entrevista com Marcelo, Natália sentia o coração apertado. Queria ter podido lhe revelar seus verdadeiros sentimentos. Sentiu que, apesar de estar casada com Rômulo e fazer tudo para esquecer o antigo namorado, os sentimentos não haviam mudado. Pelo contrário, eles agora voltaram ainda mais fortes. Durante o restante da tarde, a lembrança de Marcelo sedento de amor não lhe saía do pensamento.

À tarde, quando Rômulo chegou, notou que a mulher estava diferente. Natália às vezes se omitia, mas não tinha o costume de mentir. Após alguns instantes, Rômulo fez uma pergunta:

— O que você fez hoje à tarde?

— Fui trabalhar – respondeu a moça.

— Quero saber onde – ele insistiu num tom de desconfiança e autoritarismo.

Sua atitude deixou Natália indignada. Ela julgava que o marido não tinha o direito de invadir sua privacidade.

— Fui fazer entrevistas – respondeu em tom áspero. — Faz parte do meu trabalho.

Rômulo ficou ainda mais desconfiado de que a mulher estava escondendo alguma coisa.

— Quero saber quem você entrevistou.

— Dona Sofia.

— Aquela mulher que foi sua vizinha?

— Sim, ela mesma, pela manhã. À tarde fui ao presídio falar com o filho dela.

— O Marcelo?

— Sim. Ele mesmo.

Rômulo, tomado de fúria, passou a agredir a esposa com palavras ofensivas, acusando-a de ser leviana e infiel. Diante da acusação injusta, Natália teve vontade de chorar, mas se segurou. Não queria demonstrar fragilidade diante do marido. Vitória chorava abraçada às pernas da mãe. Percebendo o clima de discórdia, exigia o colo.

Rômulo foi para a casa de dona Conceição, dizendo que a esposa era leviana, que o enganava usando o pretexto do trabalho para se encontrar com o antigo namorado. A genitora ouviu tudo em silêncio e por fim disse:

— Não gostei daquela mulher desde o momento que a conheci.

Rômulo voltou para casa altas horas da noite e se deitou sem dizer nenhuma palavra. No dia seguinte, saiu pela manhã sem tomar o café e novamente não falou com a esposa.

O clima na casa de Natália e Rômulo havia ficado tenso. Vitória sentia essas vibrações e se mostrava irritada e muito apegada à mãe. Quando Natália saía para trabalhar, deixava a filha na casa de Raquel. A menina gostava de ficar com a avó, mas após os últimos episódios nem lá queria ficar. Precisava que a mãe esperasse um momento de distração da criança para sair.

Apesar dos incidentes em casa, Natália não deixava de cumprir sua função acompanhando a situação dos detentos e suas famílias, inclusive a de Marcelo e Sofia.

Numa noite, Rômulo chegou em casa mais cedo do trabalho. Chamou a esposa para conversar, propondo terminarem a discórdia entre eles.

— Natália, vamos encerrar esta situação. Estou disposto a perdoá-la, desde que se comprometa a abandonar o trabalho no presídio.

A esposa procurou colocar doçura nas palavras, embora considerasse que não poderia concordar. Sentia-se indignada por entender que o marido não tinha o direito de interferir em seu trabalho, que desempenhava com honestidade e profissionalismo. Não fazia nenhum sentido aquela exigência. Por isso, respondeu:

— Eu preciso do meu trabalho, Rômulo. Dependo dele para mantermos nossa casa, além das responsabilidades com a minha filha. Não seria justo que você arcasse com as despesas da Vitória. Ela é minha filha e eu tenho que cumprir o meu papel de mãe.

Rômulo se sentiu ofendido quando percebeu nas palavras da esposa a sugestão de que apenas a sua renda não cobriria as despesas da casa e os gastos com a menina.

— Você está dizendo que eu não tenho condições de manter a casa e que o seu salário é maior do que o meu? – perguntou indignado.

— Eu não disse isso, mas você sabe que não temos condições de manter as despesas da casa apenas com a sua renda.

— Pode até ser, mas porque você quer viver no luxo. Se tivéssemos uma vida mais simples, minha renda seria suficiente.

Na verdade, suas palavras não faziam sentido. Natália não era uma mulher exigente nem gastadeira. Além disso, mesmo não querendo admitir, Rômulo sabia que ela era a principal provedora do lar.

Procurando manter a calma, Natália ponderou:

— Fique tranquilo, Rômulo. A continuidade do meu trabalho no presídio não exige que eu tenha novos contatos com o Marcelo. O que eu tinha que saber sobre ele já consegui na entrevista. Agora só preciso dar sequência ao acompanhamento dos benefícios que ele tem direito, sem necessidade de nova visita.

Aquilo era o que Rômulo precisava ouvir para restabelecer a paz, sem admitir que tudo ocorrera por imaturidade e ciúme de sua parte. Terminou pedindo desculpas por tê-la ofendido e prometendo não mais agir daquela forma.

Entretanto, apesar de a paz ter sido restabelecida, Rômulo continuava cultivando ciúmes e agindo de forma a também provocar ciúmes em Natália, que percebia as intenções do marido e não reagia, fingindo não dar importância.

Nessa época, começava o campeonato de futebol amador. Rômulo passou a fazer pequenas viagens com o clube em que jogava aos finais de semana, deixando a esposa e a enteada em casa. Voltava cheirando a bebidas, sempre falando ao telefone com amigos, comentando sobre farras nas comemorações pelas vitórias do time e se referindo sempre ao assédio de garotas que se insinuavam para os atletas, deixando que a esposa ouvisse aquelas conversas tão imaturas.

Essa estratégia afetava Natália cada vez menos, pois ela percebia o quanto havia de imaturidade e necessidade de autoafirmação naquelas atitudes. Com a ausência do marido, Natália procurava a casa dos pais aos fins de semana. Rômulo ficava irritado porque não ouvia qualquer reclamação da esposa a respeito de suas ausências. Ele esperava que ela fizesse exigências e desse motivo para se estabelecer uma troca de concessões.

Com o passar do tempo, Rômulo passou a implicar com as reuniões da Casa Espírita. Um dia, dirigindo-se à esposa, disse ironicamente:

— Você e Luzia são duas mulheres comprometidas. Mesmo assim, saem durante a noite deixando seus maridos em casa. Isto não são atitudes de mulheres casadas.

— Que bom que pense assim. Eu já esperava uma oportunidade para lhe convidar a participar conosco dessas reuniões. Assim você poderá conhecer melhor a doutrina e os ensinamentos de Jesus – disse Natália em tom bem-humorado, fazendo carinho no marido.

— Eu não quero saber dessas macumbas – ele contestou. — Já ouvi falar que isto é coisa do demônio. Não quero me meter nisso.

— Calma, meu querido! Não é assim. Se você for conosco, vai ver com seus próprios olhos. As pessoas inventam coisas negativas sobre o que não conhecem. Eu mesma, quando fui convidada a participar, pensei em não ir. Mas, graças à Luzia, hoje me sinto muito feliz, pois encontrei respostas para muitos questionamentos. Além disso, por meio de uma carta psicografada na Casa Espírita tive notícias do meu querido irmão que havia nos deixado. Isso não consolou somente a mim, mas aos meus pais e ao Rafael também. Seria tão bom se você fosse, meu querido! Talvez encontrasse explicações para muitas coisas, além de ser a oportunidade de estarmos juntos e, certamente com a ajuda das entidades de luz, poderemos encontrar a paz.

Rômulo recusou o convite carinhoso de Natália, procurando ridicularizá-la.

— Eu estou muito bem! Não preciso de macumba, pois meu santo é forte. Você é que precisa de um descarrego.

Fez o comentário insinuando que Natália estava agindo sob a orientação de forças do mal.

Natália e Luzia não deixavam de frequentar a Casa Espírita. Naquela noite, o palestrante falou sobre Joana de Cusa. Iniciou contando a história de que ela havia sido tocada pelos ensinamentos de Jesus e perguntara ao mestre: “Mestre, sou uma mulher que sigo vossos ensinamentos e procuro colocá-los em prática. Entretanto, meu marido vive obcecado pelo poder e pelo dinheiro. O que devo fazer para conduzi-lo aos caminhos do amor?”. Jesus, de forma serena, disse a ela que cada um tem seu tempo para despertar. Se o marido ainda não se despertara para os reais valores da vida era porque seu tempo não havia chegado. A ela, bastava continuar em seu caminho de amor, dando seu exemplo, que no tempo certo o despertamento do marido aconteceria. E terminou dizendo: "Cumpra os seus deveres de esposa e seja sempre fiel".

Natália ficou admirada pelo fato de o tema abordado pelo palestrante ser tão parecido com o que estava vivendo em casa. Parecia que o palestrante falava para ela. Ao regressarem, comentou com Luzia:

— Que coincidência, minha amiga! Parecia que o palestrante falou hoje para mim.

— Coincidências não existem, Natália. Tudo cumpre uma programação – Luzia respondeu.

— Como assim? Além de você, ninguém ali sabia o que está acontecendo comigo...

— Sabem sim, Natália. Não os encarnados, mas os Espíritos que programaram a reunião. Quando uma reunião acontece, ela já foi programada previamente pelos mentores que intuem o palestrante a falar sobre um tema que as pessoas encarnadas e desencarnadas precisam ouvir.

— É como se quisessem mandar uma mensagem para mim por intermédio do palestrante?

— Sim. Com certeza – ela disse e parafraseou Jesus: — "Quem tiver ouvidos para ouvir, ouça".

Natália entendeu e estava disposta a seguir o ensinamento, lutando para manter o relacionamento com Rômulo, respeitando seu modo de ver as coisas. Confiava que no momento certo tudo se resolveria.

Natália ficou sabendo que Marcelo havia conseguido a progressão de pena, passando a se apresentar no presídio apenas para dormir. Sentiu-se feliz pelo resultado do seu trabalho, mas principalmente pelo pai de Vitória, que parecia ter se regenerado e merecia uma nova oportunidade.

Em liberdade, Marcelo passou a apresentar currículos em marcenarias, oferecendo seus serviços no ofício que aprendera enquanto cumpria pena. Geralmente era encaminhado para testes práticos em que passava com distinção, mas quando chegava o momento da entrevista, ficavam sabendo que se tratava de um ex-detento e sempre havia um impedimento para a sua contratação sob as mais variadas justificativas.

Cansado de procurar trabalho nas carpintarias, optou por lojas de móveis e, após várias tentativas, conseguiu a aprovação como montador de móveis, trabalhando nas casas dos clientes, sempre sob a vigilância de um funcionário mais experiente e de confiança do patrão.

A lembrança de Natália não lhe saía do pensamento. Queria que a moça soubesse que estava em liberdade e, principalmente, tinha muita vontade de ver a filha a quem queria conquistar com amor paternal. Não queria recorrer à justiça para adquirir o direito de ver Vitória, preferindo adquirir esse direito por meio de uma conversa amistosa com a mãe, quando se ofereceria espontaneamente para pagar a pensão alimentícia. Não foi difícil conseguir o endereço e estava decidido a procurar Natália e a filha no próximo fim de semana.

Era um domingo pela manhã, quando bateu na casa da ex-namorada. Natália atendeu. Quando viu Marcelo, um calafrio lhe correu pela espinha. Ela não poderia recebê-lo em sua casa logo no momento em que os problemas começavam a melhorar. Rômulo não aceitaria, mas... Por outro lado, Marcelo tinha o direito de ver a filha, mesmo as coisas tendo acontecido da forma tão negativa.

— Bom dia, Natália! – o rapaz cumprimentou sorrindo.

— Bom dia! Você não pode vir aqui, Marcelo. Não sabe que sou uma mulher casada?

— Não sabia, até o momento em que vi a aliança em sua mão, durante a entrevista no presídio.

— Como me descobriu aqui? Como conseguiu meu endereço?

— Estive trabalhando na montagem de móveis em seu bairro. Um amigo que a conhece me deu a informação. Quero apenas ver a Vitorinha.

— Sim. Mas espere aqui na varanda. Vou buscá-la.

Natália entrou e disse à filha que havia um moço lá fora querendo conhecê-la. Obediente, a menina a acompanhou e, segurando a mão da mãe, olhou com certa desconfiança para o visitante quando Natália falou:

— Este moço é o Marcelo. Ele é amigo da mamãe.

Marcelo entregou uma sacola com um presentinho e um saquinho com balas e doces, dizendo:

— Venha conhecer o titio. Este presente é para você.

A menina, ainda desconfiada, pegou a sacola e entregou à mãe. Natália abriu e entregou à filha uma bonequinha que Vitória timidamente aceitou e, aos poucos, se distraiu comendo os doces. Aproveitando a distração da filha, Natália voltou ao assunto:

— Eu sei que você é pai e tem direito ao convívio com sua filha, mas tenho certeza de que o Rômulo não aceitará que você venha aqui. Ele é extremamente ciumento. Quando soube que falei com você no presídio, ficou furioso.

— Mesmo se eu vier aqui apenas pegar a Vitória para passar o fim de semana em minha casa?

Natália corou. Não sentia confiança em deixar Marcelo levar a menina. Notou que estava diante de um problema maior do que havia imaginado. O rapaz percebeu e aproveitou para oferecer uma alternativa:

— Sinto que você não ama esse homem. Deixe-o e vamos viver juntos, criar nossa filha... Sabe que eu a amo e sei que você me ama também.

— Cale-se, Marcelo! Quem disse a você que eu não amo o meu marido? – respondeu Natália de forma severa, desviando o olhar em seguida. Temia que seus olhos lhe traíssem.

— Não vou lhe criar problemas. Não quero que fique em dificuldade. Eu a amo e não quero que sofra por causa dessa situação. Peço apenas que me deixe passar aqui de vez em quando para ver a Vitorinha. Pense sobre o que lhe falei. Seria a oportunidade de sermos felizes juntamente com nossa filha.

Natália se sentiu um pouco mais aliviada, percebendo que ele já estava de saída, e respondeu com firmeza:

— Isso nunca, Marcelo! Já falei que sou uma mulher casada e respeito o meu marido. Não me faça mais uma proposta dessas.

Marcelo apertou a mão de Natália, beijou a filha e se despediu. Vitória, assustada, correu para o colo da mãe.

16
Medida protetiva

Claudio percebia as vibrações que vinham da Terra e sentia que a vida dos entes queridos sofria atribulações. Não sabia o que acontecia e qual dos seus familiares passava por momentos difíceis. Sentindo-se preocupado, disse para a avó Carolina:

— Percebo as vibrações dos meus familiares encarnados, mas não consigo interpretá-las com clareza. Somente sinto, e isso me deixa preocupado. Quando vou poder rever meus entes queridos?

— Você agora já adquiriu conhecimentos suficientes. Por isso poderemos seguir na próxima expedição que descerá à crosta. Mas precisaremos de muita vigilância e prece para nos transportarmos. Estamos acostumados às vibrações da colônia, mais leves e delicadas, de muito amor e respeito. A psicosfera da Terra é densa e exigirá muito esforço para não nos contaminarmos.

E sugeriu que Claudio participasse de palestras e outros estudos visando capacitá-lo para o tão sonhado contato com os encarnados de quem sentia tantas saudades. Nos estudos preparatórios, enfatizou-se que poderia inspirá-los, mas sempre respeitando seu livre-arbítrio e suas escolhas.

— Você sentirá o ímpeto de interferir, mas deve se conter. Lembre-se dos conhecimentos que adquiriu no curso preparatório. Nem sempre aceitamos as atitudes dos nossos irmãos encarnados. Eles ainda estão limitados pelo corpo de carne e não têm a consciência expandida como os desencarnados mais conscientes.

Claudio se empenhava com afinco no curso, visando se preparar ao máximo e em menor tempo para que quando surgisse a oportunidade estivesse perfeitamente capacitado. Vó Carolina advertia:

— Não espere que nossa missão seja fácil, meu querido. Pelo contrário, haverá momentos em que poderá chegar ao desespero, vendo seus tutelados optarem por caminhos tortuosos e perigosos, mas estarei do seu lado e o Alberto ficará no plano espiritual nos dando suporte vibracional.

A explanação de vó Carolina, apesar de transmitir segurança, reforçou a suspeita de que os entes queridos passavam por dificuldades. Passadas algumas semanas, vó Carolina disse:

— É chegado o momento. A caravana sairá amanhã pela madrugada.

A emoção tomou conta do rapaz como quem, após longa viagem, retorna ao lar. Enfim embarcaram na nave em direção à Terra. A paisagem era deslumbrante, viam-se as estrelas com seus sistemas planetários. Claudio perguntou:

— Nessa imensidão do universo somente a Terra abriga a vida?

Vó Carolina respondeu com outra pergunta:

— Deus haveria de criar um universo de tamanha grandeza para colocar a vida apenas num planeta de proporções ínfimas, em relação a outros com dimensões gigantescas?

— Não. Eu não acho. Por que Deus colocaria vida num planeta insignificante como a Terra, deixando outros de maior relevância sem vida?

— Apesar de a Terra ser um planeta de menores proporções não quer dizer que tenha menor importância - a vó explicou. — Realmente Deus não cria nada sem utilidade. Portanto, não se pode esperar que somente a Terra abrigue as suas criaturas. Pelo contrário, existem mundos mais adiantados, assim como outros mais atrasados na escala evolutiva, mas todos fazem parte da criação. Imaginemos o sistema de ensino na Terra. Existem escolas do ensino fundamental até as escolas de nível superior, mas não podemos dizer que as escolas superiores sejam mais importantes do que as de ensino fundamental. Todas têm sua importância no contexto geral. Assim são os mundos. Deus cria os Espíritos simples e ignorantes e, através de encarnações sucessivas, vão adquirindo sua evolução. Assim também são os mundos, eles evoluem. A Terra é classificada como de provas e expiações, mas está em processo de transformação para mundo regenerado e para isso as almas que nela habitam têm que alcançar um patamar de evolução para merecerem a Terra regenerada.

— E aqueles que não atingirem este patamar? – perguntou Claudio.

— Eles terão que reencarnar em um mundo mais atrasado para repetirem o processo, até alcançarem o patamar desejado. O aluno na escola que não consegue sua aprovação não tem que repetir o ano e refazer tudo novamente, até adquirir o conhecimento que o capacite a cursar a série seguinte?

Claudio estava encantado com a explicação de vó Carolina. Havia sido criado numa cultura em que se falava de um céu e um inferno com penas eternas, em que as pessoas só tinham uma encarnação para conseguirem sua salvação.

De repente tudo se apagou e a nave mergulhou em uma atmosfera densa, exigindo dos viajantes grandes esforços para se adaptarem às condições terrenas.

Finalmente chegaram à casa de Jonas e Raquel. Claudio se admirou ao ver a família reunida em torno de uma mesa onde se comemorava o aniversário de uma criança. Não conseguiu se controlar e queria abraçar a todos. Iniciou pela mãezinha querida, mas, por mais que se esforçasse, Raquel não conseguia vê-lo, apenas sentiu um calafrio e uma mudança repentina no humor. Ficara mais reflexiva e essas reflexões a conduziam à lembrança do filho amado que partira tragicamente, mas tudo passou bem rápido.

Claudio repetiu o gesto com todos, mas ninguém conseguia perceber sua presença. Isso lhe causou uma sensação de desapontamento e decepção. Vó Carolina intercedeu procurando harmonizar o neto querido, enquanto Claudio procurava, por meio das conversas entre os familiares, descobrir quem eram as duas pessoas que não reconhecera. Um deles seria o namorado ou marido de sua querida irmã. Não sentiu boas vibrações em Rômulo e, continuando as observações, descobriu que a criança era o bebê que Natália carregava no ventre na época de sua partida. Via em Vitória um Espírito de grande luz, com uma energia parecida com a de sua mãe.

Empolgado como uma criança que ganha vários brinquedos ao mesmo tempo e não sabe com qual brinca primeiro, tentava se mostrar para todos, ora para um, ora para outro. Vó Carolina procurou acalmá-lo, explicando por que não havia sido percebido pelos encarnados.

— Calma, meu querido! Agradeça a Deus pela oportunidade de rever sua família e de tê-los encontrado bem, em paz, e num momento de alegria em torno de uma criança iluminada. Mas não se empolgue demais, pode ser que após este dia festivo venham outros em que a paz e a harmonia não sejam como as de hoje.

Mais tarde, na casa de Natália, o momento era de apreensão. Ela sabia que não adiantaria ocultar a visita de Marcelo. O ex-namorado não iria desistir de continuar indo lá, principalmente por causa da filha com quem buscava uma aproximação: "Não posso ocultar esta situação do Rômulo porque, de uma forma ou de outra, ele ficará sabendo e será melhor saber por mim do que por terceiros". Assim pensando, Natália o chamou e disse:

— Precisamos conversar sobre um assunto importante.

Havia algum tempo que Rômulo deixara de dar importância a assuntos referentes à esposa. Procurava demonstrar desinteresse pelo que ela falava, procurando comentar apenas sobre coisas de seu interesse. Quando Natália disse que precisavam conversar, ele não falou nada, foi tomar banho e fingiu não se importar. Porém, mais tarde, não conseguindo conter a curiosidade, perguntou:

— O que você tem de tão importante para me falar?

Natália, que já esperava por aquela atitude do marido e que havia estrategicamente deixado a filha na casa dos avós, prevendo uma reação desagradável por parte dele, foi direto ao assunto:

— O Marcelo está em liberdade e esteve aqui em casa para visitar a Vitória.

Rômulo se transformou. Ficou colérico e perguntou indignado:

— Como ele descobriu o nosso endereço? Foi você quem forneceu?

— Claro que não – respondeu ela. — O Marcelo disse que conseguiu com um amigo que temos em comum. Não tive mais nenhum contato com ele desde aquela entrevista no presídio. Aliás, nem com ele, nem com a mãe dele.

Rômulo, enfurecido, ameaçou matar Marcelo e passou a ofender a honra da esposa, acusando-a novamente de ser leviana e infiel. Natália procurava se justificar, até que o marido passou a agredi-la com socos, enquanto ela, acuada, tentava proteger o rosto com os braços e gritava pedindo socorro.

Um vizinho que ouvira os gritos bateu à porta. Natália conseguiu se desvencilhar de Rômulo e correu até ela, abriu-a, mas quando ia sair, foi arrastada para dentro de casa. Nessa hora outros vizinhos também se aproximaram, mas não podiam fazer muita coisa a não ser pedirem ao agressor que se acalmasse, que não fizesse nenhuma besteira. Completamente fora de si, o rapaz foi até a cozinha mantendo Natália como refém, pegou uma faca e, exibindo-a pelo vidro da janela, ameaçou matá-la, caso não fossem todos embora.

A situação havia ficado tensa. Alguém ligou para a polícia e em poucos minutos uma viatura estacionou em frente à residência do casal. Rômulo mantinha a faca encostada no pescoço de Natália e só depois de uma longa negociação com o comandante da polícia, acabou libertando-a e se entregando.

Claudio e a avó Carolina, atraídos pelas vibrações de desespero de Natália, acompanhavam o desenrolar dos fatos, emitindo boas vibrações e fazendo preces para que tudo terminasse bem. Ao ver a irmã refém daquele homem descontrolado, Claudio começara a se desesperar e fora contido por vó Carolina que disse:

— Querido, eu não lhe falei que possivelmente depararíamos com duras provações? Mas não se desespere, pois tudo segue seu curso sob a proteção de Jesus. Tudo objetiva nos conduzir à evolução e ao resgate de débitos passados.

— Mas por que Natália, uma moça iluminada, que só fez o bem tem que passar por provas tão difíceis?

— Meu querido, a Natália, em uma encarnação anterior, abandonou Rômulo para ficar com o Marcelo, que era seu amante. Incentivado por Natália, Marcelo se tornou um homem irresponsável, sarcástico e humilhou demais o seu rival. Rômulo nunca aceitou ser abandonado e passou a vida planejando vingança contra Marcelo, o que não aconteceu naquela encarnação, mas permanece até agora. Natália, tendo se arrependido do que fez, assumiu o compromisso de ajudar o Marcelo a se reformar moralmente, tornando-se uma pessoa responsável e ajuizada. Por isso há tanto conflito entre eles.

— Isso faz sentido - disse Claudio. — Mas e a Vitória? O que uma criança inocente tem a ver com esse resgate? Por que ela também está inserida nisso?

— Ela é uma criança inocente nesta encarnação, mas também tem sua bagagem espiritual - Carolina respondeu com serenidade. — Nem todos os Espíritos que reencarnam em uma família o fazem por resgate. Muitas vezes, sua função é levar paz, equilíbrio e maturidade espiritual ao seio familiar.

— É uma espécie de anjo? – perguntou Claudio.

A avó sorriu ao explicar:

— Podemos dizer que sim, mas com algumas ressalvas. A Vitória é um Espírito esclarecido e amoroso, mas ainda tem muito a aprender também.

E o rapaz compreendeu, por fim, que as dificuldades enfrentadas pela menina faziam parte do necessário aprendizado a que Carolina se referia.

Na delegacia do bairro, foi lavrado o boletim de ocorrência e Natália foi instruída a prestar queixa na delegacia especializada da mulher. Rômulo foi autuado em flagrante, mas pagou fiança e pôde responder ao processo em liberdade.

No dia seguinte, Natália, amparada por Rafael e Laura, compareceu à delegacia especializada, apresentando o boletim de ocorrência e pedindo uma medida protetiva para evitar que Rômulo se aproximasse dela.

Jonas, temendo pela vida de filha e da neta, aconselhou Natália a permanecer em sua casa, onde receberia o carinho e a proteção da família, o que ela aceitou de imediato.

Marcelo voltou à casa de Natália e a encontrou fechada. Foi embora carregando o sentimento de ter sido abandonado pela mulher que amava. Imaginava que Natália queria viver em tranquilidade com o marido e a filha, sem passar por situações que levassem conflito ao seu relacionamento. Achou que era melhor renunciar àquele sentimento em prol da felicidade de

Natália e Vitória. Sabia que fora fraco, não assumira sua responsabilidade no momento em que a namorada mais precisara. Agora teria de carregar sua culpa, mas mantinha a esperança de que, no tempo certo, pelo menos a filha o procuraria.

Estava decidido a tocar sua vida; afinal, era jovem, queria se dedicar ao trabalho e cuidar de sua mãe. Queria o sossego do lar, ajudar Sofia a se libertar da revolta por perder a posição de destaque que gozava na época em que o pai abastecia a família com dinheiro e prestígio.

17
Voltando a sonhar

Marcelo foi ganhando a confiança dos colegas e dos proprietários da loja onde trabalhava. Certo dia, um colega que sabia de suas habilidades como marceneiro o indicou para uma vaga que surgira em uma carpintaria fornecedora de móveis. Marcelo fez os testes e foi aprovado e recomendado pelos proprietários da loja. Com o novo cargo, passou a ganhar mais e a dar melhores condições de vida para a mãe.

Na carpintaria havia uma secretária chamada Manuela que se encantou com Marcelo desde sua chegada. Começaram a namorar e a moça, sempre carinhosa, fazia com que o rapaz esquecesse um pouco o amor do passado.

Natália voltou a morar em sua casa. Todos os dias, Rafael passava na residência da irmã para se certificar de que Rômulo mantinha a distância estabelecida pela justiça. Certo dia, ao chegar do trabalho, Natália encontrou Rômulo que a esperava no portão. Antes que a moça tomasse qualquer iniciativa, ele se aproximou educadamente, dizendo que estava ali em missão de paz e propôs uma reconciliação.

Natália não aceitou, dizendo que se ele não fosse embora, iria chamar a polícia. Estava traumatizada e, a pouca afeição que tinha sentido por ele, havia se transformado em aversão e medo. Vendo que ela estava irredutível, Rômulo não insistiu naquele momento, mas deixou claro que iria continuar tentando reconquistá-la. Naquela noite, Natália e Vitória voltaram a dormir na casa dos pais da moça, onde permaneceram por mais alguns dias.

Certa noite, quando estavam reunidos na casa de Jonas e Raquel, inclusive Rafael e Laura, Rômulo parou o carro na porta da residência. Estava visivelmente alcoolizado, fazendo ameaças, caso Natália se recusasse a sair para conversar.

Rafael foi ao encontro dele e tentou convencê-lo a ir embora, mas não foi atendido. Rômulo passou a ofender a todos, gritando palavrões e ameaçando invadir a casa para sequestrar Natália.

Sem alternativas, Rafael ligou para a polícia. Quando Rômulo percebeu a chegada da viatura policial, sabendo que poderia ser preso devido à medida protetiva que o impedia de se aproximar de Natália, saiu em altíssima velocidade, sendo perseguido pelos policiais. Passados uns quarenta minutos, o telefone tocou na casa de Jonas e Rafael atendeu.

— Alô, aqui é da polícia. Foi o senhor que fez uma solicitação para comparecermos em sua casa onde um homem com sinais de embriaguez estava desacatando a todos e fazendo ameaças?

— Sim. Fui eu.

— Qual o nome do senhor?

— Me chamo Rafael.

— O senhor está sendo intimado a prestar depoimento na polícia. O indivíduo de nome Rômulo evadiu-se do local em alta velocidade e colidiu o veículo violentamente contra um poste de iluminação pública. Prestamos os devidos socorros à vítima, mas este veio a óbito a caminho do hospital.

Rafael deu a notícia aos familiares e saiu imediatamente para prestar o depoimento. Natália começou a chorar. Por mais que estivesse ressentida com o ex-marido, não desejava para ele um final tão trágico. Raquel consolava a filha, dizendo que ela não tinha nenhuma culpa.

— Foi o Rômulo quem procurou a morte com as próprias mãos, dirigindo alcoolizado e em alta velocidade, após transgredir a lei.

Apesar de consciente de tudo, Natália ainda se sentia culpada, arrependida por não ter aceitado conversar com o marido, julgando que poderia ter evitado aquela tragédia.

Novamente Claudio e Carolina estavam presentes, emanando fluidos para Natália quando o rapaz perguntou:

— Vó Carolina, por que o Rômulo, apesar de ter sido vítima da Natália e do Marcelo na última encarnação, teve que desencarnar de forma tão trágica?

— A dor tanto pode nos conduzir ao despertamento espiritual, como pode atrasar a nossa evolução – ela respondeu pensativa. — Tudo depende de como a aceitamos; se como um desígnio de Deus para o nosso crescimento, ou como um castigo injusto a despertar em nós sentimentos de ódio e desejo de vingança. O Rômulo, apesar de inconsciente, cultivou o ódio ao seu rival, pois tinha ciúme exagerado de Natália com Marcelo. Veja o seu caso, meu querido. Apesar de o Marcelo ser o principal causador do seu desencarne, você não tem nenhum ódio do rapaz, não é mesmo?

— Com certeza não, vó Carolina. Eu sei que tudo fazia parte do meu projeto reencarnatório e que Jesus estava no controle.

Outro aprendizado para Claudio que, cada vez mais adquiria conhecimentos sobre o funcionamento das leis universais.

Os tempos se passaram e tudo foi caindo na rotina novamente. Natália não deixava de visitar dona Conceição, que não ficou sabendo maiores detalhes sobre o desencarne do filho. Sabia apenas que houve um acidente e que ele havia falecido. Natália detalhou para que a mulher não lhe atribuísse alguma culpa, deixando de aceitar suas visitas e alguma ajuda que ela fazia questão de dar, principalmente nos momentos em que a ex-sogra se queixava de problemas de saúde.

Dona Conceição fora abandonada por seus parentes devido ao gênio difícil. Gostava de viver sozinha, cuidando de suas plantas e somente saindo de casa no dia de receber a pequena aposentadoria. Natália precisava insistir para ajudá-la, porque geralmente a mulher se negava a aceitar qualquer tipo de auxílio.

A convivência com Natália havia se tornado difícil na época em que Rômulo, em suas crises de ciúmes, falava mal da esposa, colocando a genitora contra ela. Vitória não gostava de acompanhar a mãe nas visitas a dona Conceição desde que um dia, ainda antes da morte de Rômulo, dona conceição fora rude com a criança.

Vitória, agora em idade escolar, destacava-se nos estudos, o que lhe proporcionava as melhores notas. Sempre era solicitada a participar de eventos culturais e artísticos. Mas Natália começou a perceber que a filha não gostava de eventos onde havia a participação dos pais. Isto foi agravando até que passou a insistir para que a filha explicasse o motivo daquilo, mas a menina sempre se esquivava do assunto.

Em um evento em comemoração ao Dia dos Pais, a menina se tornou ainda mais arredia e Natália quis saber a razão.

— Por que você sempre recusa a participar das comemorações? – perguntou.

Vitória, após um grande esforço, correspondendo aos carinhos da mãe, respondeu:

— Todos os meus coleguinhas têm a mamãe e o papai e eu não tenho pai. Só você vai comigo aos eventos. Eles ficam rindo de mim.

Ao dizer essas palavras, Vitória escondia o rosto, tentando ocultar as lágrimas. Até que não resistiu e chorou em soluços, abraçando-se à mãe.

Natália tentou contornar, dizendo à menina que ela tinha o avô e o padrinho que a amavam muito e que poderiam substituir o pai. Então prometeu levar qualquer um dos dois para receber as homenagens.

Vitória não respondia, apenas movimentava a cabeça negativamente, talvez porque o choro lhe embargasse a voz.

Havia chegado o momento de Natália explicar tudo à filha, mas precisava de muita habilidade porque o assunto era bastante delicado para a compreensão da criança.

— Filha, você tem um papai também, mas ele não pode ficar com você.

— Por que, mamãe? Ele morreu?

— Não, minha filha, ele não morreu, mas mora longe e é difícil vir até aqui.

— Então ele não gosta de mim, mamãe. O pai do meu coleguinha também mora longe e vem vê-lo.

— Gosta sim, minha filha...

— Então por que ele não mora comigo? Ele tem outra filha?

— Não. Ele não tem outra filha. Seu pai mora com a vovó, a mãe dele. Ela tem problemas e precisa que seu pai cuide dela.

— Onde eles moram, mamãe? É muito longe mesmo?

— Sim. É num bairro distante. Quando nós morávamos com o Rômulo e você era bem pequena, seu pai veio visitá-la, mas não pôde continuar fazendo isso, para evitar problemas de ciúmes. Sabe aquela sua bonequinha velhinha que você tanto gosta? Foi seu pai quem lhe deu de presente.

— Poxa, mamãe, o Rômulo era um homem mau, não era?

— Não, minha filha. Ele não era mau. Apenas não deixava seu papai vir em nossa casa, porque tinha ciúmes da mamãe.

— Mas agora nós vivemos sozinhas. O meu papai pode vir me ver que ninguém vai brigar com ele.

— Sim, é verdade. Você quer ir à casa dele? Quer encontrá-lo?

— Sim. Eu tenho certeza de que vou gostar muito dele.

A partir desse dia, era como se Natália tivesse despertado de um longo sonho. O interesse de Vitória em se aproximar do pai fez renascer em seu coração o sentimento de outrora. Era boa aquela sensação. Ela imaginava poder novamente se entregar àquele amor que sempre lhe dominara o coração.

Os dias passavam e uma nova esperança de felicidade ganhava força nos planos de Natália. Agora era em dobro, pois sonhava também com a filha nos braços do pai, alegre como todas as crianças. Vitória também não cabia em si de felicidade, contava à professora que iria conhecer o pai. Contou também para os padrinhos e para os avós.

Ao saberem da notícia, Jonas e Rafael não viram com bons olhos a reaproximação entre Natália e Marcelo. No fundo, a lembrança do acidente em que Marcelo provocara a morte de Claudio ainda pesava. Em conversa com Natália, Rafael disse:

— Veja o que você vai fazer, minha irmã. Sua experiência com Marcelo não foi boa. Na época, eu e meu pai a alertamos. Agora você vai atrás desse malandro, que se envolveu com o crime e passou pela escola da cadeia, relacionando-se com gente da pior qualidade? Dizem que o pai fugiu da prisão com a proteção de uma organização criminosa e acabou sendo morto por seus próprios comparsas. Fique longe dessa gente. Você é jovem e bonita, tem curso superior, é independente... Não precisa se ligar a homem nenhum que lhe fará sofrer como das vezes anteriores. Tenha paciência, aparecerá um rapaz honesto que se interessará por você.

Natália estava dividida. Não se reocupava em ficar sozinha, não sentia falta de homem em sua vida, mas amava Marcelo. Ele era o único homem com quem tinha vontade de morar junto, mas era obrigada a reconhecer que o irmão tinha razão no que dizia.

A dúvida se instalou no coração da moça. A emoção pedia uma coisa, mas a razão lhe dizia outra. Nesse conflito, tinha sonhos de amor com Marcelo, mas logo as palavras de Rafael ecoavam em seu ouvido, alertando-a sobre o risco de voltar a sofrer. Justificando para si mesma, alegava que Vitória precisava de um pai, mas ao mesmo tempo se perguntava se essa alegação não era uma forma inconsciente de colocar a culpa em Vitória, caso tudo desse errado novamente.

Enfim se decidiu. Iria deixar que as coisas acontecessem naturalmente e, de acordo com o rumo dos acontecimentos, teria elementos para tomar uma atitude mais ponderada.

No fim de semana, preparou Vitória e partiram rumo à casa de Marcelo. O coração batia forte, principalmente quando chegaram defronte à casa do rapaz.

Bateram à porta e uma moça veio atender. Era uma jovem simples de modos educados, que as recebeu com um sorriso. Natália logo imaginou ser uma auxiliar que fazia os serviços domésticos na casa. Por isso se adiantou:

— Bom dia! Queria falar com o senhor Marcelo. Ele se encontra em casa?

— Bom dia! Infelizmente o Marcelo saiu com os amigos. Foi a um evento esportivo.

— E a dona Sofia? Ela se encontra?

— Sim. Entrem. Que garotinha linda! Como você se chama?

— Vitória – a menina respondeu um pouco tímida.

Ao ouvir o nome de Vitória, a moça enrubesceu e se desconcertou. Natália, observando reação dela, disse:

— Eu sou Natália, e você?

A moça empalideceu, mesmo assim respondeu:

— Sou Manuela. Muito prazer.

— Dona Sofia está aqui na sala, entrem.

Natália sentiu que havia algo diferente na reação da moça, mas mesmo assim entrou.

— Bom dia, dona Sofia!

— Bom dia! – balbuciou a mulher, de forma ríspida, quase grosseira.

— O que você quer agora?

— Vim trazer a Vitória para visitar o pai.

— Por que resolveu aparecer depois de tanto tempo?

— Aconteceram alguns problemas... Mas agora está tudo bem.

— Então pode ficar por lá. Não venha importunar o meu filho. Ele está casado e vive muito bem com a esposa. Vá e não apareça mais.

Natália sentiu uma vertigem e quase caiu, mas foi amparada por Manuela, que gentilmente a acompanhou até a porta.

— Direi ao Marcelo que você e a Vitória estiveram aqui – falou Manuela com gentileza. — Está bem assim?

Natália acenou afirmativamente com a cabeça e se despediu.

18
O assalto

Natália voltou para casa conduzindo Vitória sem dizer muitas palavras. A menina notava que alguma coisa estava errada, mas respeitava o silêncio da mãe como se intuísse sobre o que havia acontecido.

Ao chegar em casa, sentou-se no sofá da sala. Vitória, ao seu lado, tinha um olhar triste e uma curiosidade sobre a razão de tamanha tristeza da mãe, que finalmente quebrou o silêncio:

— Filha, infelizmente seu pai não estava em casa, mas voltaremos em outro dia e você irá conhecê-lo, está bem?

— Não tem importância, mamãe. Ele virá.

A mãe observou que a filha falava como se fizesse uma profecia. Afinal, não tinha dito nada para alimentar a esperança de que o pai a procuraria. Apenas respondeu:

— Sim, filha. Ele virá – e permaneceu em silêncio.

Natália queria que Vitória convivesse com o pai, mas o castelo de amor que havia construído tinha ruído. O amor de sua vida estava casado e parecia que amava aquela doce criatura que tivera a educação de recebê-la com tanta gentileza. Apesar de dar a entender que sabia de toda a história, mesmo assim não a hostilizou como dona Sofia. Vitória, sentada ao lado da mãe, parecia querer entender a razão daquele silêncio.

No dia seguinte, uma segunda-feira, Natália devia deixar a filha na escola e seguir para o trabalho, conforme de costume. Não havia dormido bem à noite e as marcas da insônia estavam estampadas em seu rosto.

A campainha da porta tocou. A moça estranhou, pois não tinha o costume de receber visitas àquela hora. Ao abrir a porta, deparou-se com Marcelo. Ainda tomada pela perplexidade, ouviu o cumprimento:

— Bom dia, Natália!

Respondendo mecanicamente, ela disse:

— Bom dia! Entre.

Marcelo entrou. Vitória ainda estava no quarto terminando de se preparar para a escola. Ainda de pé na sala, os dois se olhavam tentando dominar as emoções. Marcelo se aproximou e se abraçaram. O rapaz tentou beijá-la, mas Natália, afastando o rosto, se desvencilhou dos braços dele, que não insistiu. A moça, transtornada, procurando um tempo para organizar os pensamentos, disse:

— Vou chamar a Vitória.

Marcelo segurou-a pelo braço, impedindo-a.

— Vamos conversar – ele falou. — Vejo a Vitorinha depois.

— O que você tem a me dizer?

— Você foi à minha casa ontem. Eu havia saído, mas Manuela me disse que procurava por mim.

— Sim, eu fui. Queria que Vitória passasse a conviver com você.

Ele a olhou bem sério ao explicar:

— Achei melhor me afastar quando soube que seu marido não aceitava que eu me aproximasse de vocês. Não queria lhe causar dificuldades, pois sempre lhe amei e já havia causado muitos problemas. Achei que você iria resolver o problema com o seu marido e me procurar. Mas, como não me procurou, imaginei que ele continuava não aceitando, por isso não insisti. Neste ínterim, conheci Manuela, que é uma boa pessoa e me ajudou muito, e decidimos nos casar. Ela não cuida apenas de mim, mas também da minha mãe e dos meus irmãos, pois vivemos todos juntos naquela casa.

Natália ouvia atentamente, sem nada dizer, e ele prosseguiu:

— Fiquei sabendo que seu marido a agrediu por minha causa. Sofri muito com isso, pois me senti culpado. Depois tomei conhecimento da morte dele. Como pode ver, sempre acompanhei tudo sobre a sua vida, mas não interferi. Quando ele morreu, pensei que você me procuraria até por causa da Vitorinha.

Manuela sabe de tudo, mas eu disse a ela que só me interesso por você por causa da nossa filha. Ela me incentivou a conviver com Vitorinha, chegando a sugerir que eu lhe peça para que a menina passe alguns fins de semana em nossa casa. Mas é claro que eu preciso reconquistá-la primeiro.

Natália pensava na grandeza de Manuela. Como ela era diferente do Rômulo. Vendo que ela permanecia em silêncio, Marcelo se aproximou e disse:

— Eu amo você, Natália! Sempre amei. Estou disposto a largar tudo para ficarmos juntos. Seremos uma família feliz. Quero apenas uma chance para lhe provar o que estou falando.

A moça, já refeita das emoções, olhou nos olhos dele e disse:

— Eu também o amo, Marcelo. Você sempre soube disso. Quando me procurou, eu estava casada e precisava ser fiel ao meu marido. Embora ele não visse as coisas desse modo, acusando-me de tudo, sempre por excesso de ciúmes. Não aceitava que eu nem conversasse com você e chegou até a ameaçar matá-lo. Por fim, aconteceu aquela tragédia. Confesso que logo após o acidente eu não pensava em procurá-lo, mas com o tempo Vitória via os coleguinhas da escola acompanhados dos pais e passou a questionar por que somente ela não tinha um pai. Foi aí que decidi ir atrás de você. A princípio, por ela, mas isto fez ressurgir em mim o amor que sinto por você. Eu não sabia que estava casado e pensei que poderíamos construir nosso lar; eu, você e a Vitória. Mas quando estive em sua casa e descobri que você está comprometido, tudo acabou...

— Não acabou, meu amor – o rapaz falou com ênfase. — Quando me casei com Manuela, eu disse que sempre amei você e ela prometeu fazer tudo para que eu lhe esquecesse, mas sabia que era praticamente impossível. Ela sempre soube que eu estaria disposto a largar tudo por você e que isso poderia acontecer a qualquer momento.

— A Manuela o ama, Marcelo. Eu vi isto nos olhos dela quando estive em sua casa, principalmente quando sua mãe disse quem eu era. Sua esposa ficou transtornada, mas mesmo assim foi extremamente gentil. Não podemos fazer isso. Não temos o direito de destruir a felicidade dos outros, principalmente de uma pessoa pura de coração como ela.

Marcelo baixou os olhos e permaneceu em silêncio. Natália foi até o quarto e encontrou a filha sentada na cama, de cabecinha baixa. Parecia entender tudo.

— Venha, Vitória. Seu pai veio vê-la.

Segurando a mão da filha, conduziu-a até a sala. Ao ver o pai, a menina não demonstrou grande satisfação, mas mesmo assim aceitou seu carinho. Marcelo também não sabia como agir, senão abraçá-la discretamente e procurar saber um pouco de sua rotina, dos amiguinhos, da professora e do relacionamento com os tios e avós. Natália procurava ajudar, pedindo à filha para falar sobre as coisas e as pessoas de que mais gostava.

Marcelo, ao se despedir, beijou a menina que novamente baixou o olhar, mas correspondeu aos carinhos paternos. E, ainda na porta, o rapaz lançou um olhar suplicante para Natália que se manteve firme, limitando-se a uma despedida formal, mas carinhosa.

Numa determinada noite, Jonas e Rafael, juntamente com alguns funcionários, estavam encerrando o expediente da padaria quando o estabelecimento foi invadido por quatro assaltantes armados, todos usando máscaras. Os criminosos eram bastante violentos e deixaram claro que estavam dispostos a fazer qualquer coisa para conseguirem o que queriam.

Na verdade, eles estavam de tocaia e, assim que entraram, terminaram de arriar a porta principal, que estava semiaberta, rendendo a todos e trancando os funcionários no banheiro, depois de revistá-los e tomar todos os seus pertences, mantendo Jonas e Rafael em seu poder. O assaltante que comandava a ação era também o mais violento e, depois de ferir Rafael com uma coronhada, falou com raiva:

— Quero todo o dinheiro que vocês faturaram.

— Está bem – o rapaz respondeu, sentindo um filete de sangue escorrer em seu rosto. — Não há necessidade de agressão...

— Cale a boca e apenas me obedeça – o bandido rosnou. — Se o que vocês tiverem de valor aqui não for satisfatório, mando você e o seu paizinho para o inferno com o maior prazer.

Naquele momento, Jonas, que se mantinha em silêncio, sentado em um canto, com a arma de um dos assaltantes apontada para a sua cabeça, teve certeza de algo que já desconfiava: pelo menos o chefe do bando era uma pessoa conhecida. Do contrário, como saberia que ele e Rafael eram pai e filho?

Enquanto o chefe do bando conduzia Rafael para os fundos da padaria onde ficava um pequeno escritório e o cofre, os outros bandidos, com exceção do que vigiava Jonas, faziam uma limpa nas prateleiras e no depósito, roubando principalmente os pacotes de cigarro e alguns produtos importados de maior valor comercial.

Aqueles minutos pareceram uma eternidade e tudo o que os reféns queriam era que terminasse bem e que os bandidos fossem logo embora. Porém, o chefe do bando, ao retornar do escritório, demonstrava forte irritação.

— Que miséria é esta? – perguntou apontando um maço de cédulas para o Jonas, enquanto dava outra coronhada em Rafael, fazendo-o sentar-se ao lado do pai. — Vocês acham que esta mixaria vai compensar o trabalhão que tivemos aqui?

— Podemos negociar mais alguma coisa – Jonas propôs.

— Negociar? – o bandido perguntou com raiva, encostando o cano do revólver na testa do comerciante, deixando claro o quanto estava desequilibrado. — Pensa que tem algum otário aqui? Eu vou é mandá-los para o inferno agora.

No momento em que ele engatilhou a arma, ouviram-se fortes pancadas na porta principal e uma voz grave gritou:

— Aqui é a polícia! A padaria está cercada e vocês não terão como escapar. É melhor que se rendam sem reagir e sem ferirem os reféns.

Houve uma grande inquietação entre os assaltantes, que se juntaram ao chefe, perguntando o que fariam. Ele apenas fez sinal para que silenciassem, enquanto, do lado de fora, o policial voltou a falar:

— Vocês não têm escapatória. O seu comparsa, que estava aguardando aqui fora para dar fuga, está rendido e nós já sabemos quem são vocês. Portanto, o melhor a fazer é se entregarem pacificamente.

Nesse momento, um dos assaltantes, que não passava de um garoto e que estava em "começo de carreira", começou a chorar e a dizer que não queria morrer. Diante da reação dele, os outros também pediram ao chefe para se entregarem.

— Viemos aqui pra arranjar uma grana e não pra levar tiros da polícia – disse um deles.

Depois de pensar um pouco, o chefe do bando se aproximou da porta e falou:

— Está bem. Nós vamos nos entregar sem reagir.

O policial que comandava a ação orientou como eles deveriam agir e em pouco tempo os bandidos foram algemados e os reféns libertados. Somente Rafael estava ferido, mas sem gravidade, e todos se encontravam aliviados com o desfecho da tentativa de assalto, que, por sorte, fora testemunhada por uma pessoa que passava do outro lado da rua e que comunicara à polícia.

Ao terem as máscaras retiradas de seus rostos, apenas o chefe do bando foi reconhecido pelos donos da padaria: era Guilherme que, depois de tanto tempo sumido e que já era dado por morto, reaparecia em uma situação tão degradante.

Preso em flagrante delito, teria de ajustar contas com a justiça pelo antigo crime e pelos demais que houvera cometido depois de fugir da prisão. Porém, àquelas alturas, sua vida andava tão atrapalhada que ele chegou a pensar que talvez o retorno ao presídio representasse até um merecido descanso.

19
Renúncia por amor

Aquela ação criminosa foi mais um motivo de constrangimento para os familiares de Guilherme, principalmente para Sofia, que já se considerava viúva há tempos. Entretanto, com o reaparecimento do marido e sua prisão, ela se animou pensando se não haveria a possibilidade de voltar a receber o auxílio detenção. E esse pensamento a deixou um pouco empolgada.

Marcelo, que havia amadurecido graças aos sofrimentos enfrentados em consequência de suas escolhas equivocadas, teve a humildade de procurar Jonas e Rafael na padaria e pedir-lhes perdão em nome do pai.

— Não há necessidade de nos pedir perdão – Jonas falou depois de ouvir as palavras constrangidas do pai de sua neta. — Quem fez a besteira foi o Guilherme e não você.

— Ainda assim, eu gostaria que nos perdoassem – o rapaz falou com um semblante triste. — Não só pelo que o meu pai fez, mas por tudo de ruim que causamos a vocês.

Rafael apoiou a mão no ombro dele e falou:

— Olha, Marcelo, você cometeu erros e pagou pelo que fez. Sabemos que agora é um homem renovado, honesto e trabalhador. Isso é suficiente para que não lhe desejemos mal. Torcemos para que continue seguindo no caminho do bem e que seja muito feliz em sua vida.

As palavras de Rafael deixaram Marcelo emocionado, pois percebeu que eram sinceras. Ele pretendia realmente seguir trilhando o caminho do bem; quanto a ser feliz, isso era outra história.

A partir daquele primeiro encontro entre Marcelo e Vitória, a menina passou a gostar da ideia de conviver com o pai, que a tratara tão bem. Então ela começou a contar os dias em que ele iria buscá-la para passar o fim de semana em sua casa.

Num sábado, pela manhã, conforme fora combinado, Marcelo tocou a campainha na casa de Natália. Vitória já estava pronta, assim como sua mochila com as roupas e a bonequinha que ela não deixava por nada.

O olhar do rapaz, ao encarar Natália, continuava a projetar o forte sentimento que nutria por ela. A moça também não conseguia disfarçar o que sentia, mas se mantinha firme no propósito de vê-lo como um homem casado com uma esposa maravilhosa, recusando-se a ser motivo de sofrimento para Manuela.

Mesmo sem Natália proferir uma palavra nesse sentido, Marcelo percebeu que não iria convencê-la a mudar de ideia e, para evitar um desgaste inútil, preferiu calar-se também. Ele tinha esperança de que aquela história iria se reverter, mas sabia também que não poderia se precipitar. Deixaria o tempo se encarregar de colocar as coisas em seus devidos lugares.

— Marcelo, pelo amor de Deus, se acontecer qualquer coisa com a Vitória, me mantenha informada – Natália disse, arrumando a gola do vestidinho rendado da filha.

— Não se preocupe – ele respondeu sorrindo. — Não vai acontecer nada de ruim. Aliás, vai ser um fim de semana inesquecível para a Vitorinha. A Manuela vai fazer um monte de comidas gostosas para nós.

Ao dizer isto, ele piscou o olho para a menina, que começou a rir e falou:

— Oba! Tomara que ela faça lasanha.

— Sério? Você gosta? – Marcelo perguntou.

Vitória movimentou a cabeça confirmando.

— Sim. Eu adoro lasanha!

— Eu também adoro lasanha – ele falou arregalando os olhos e formando um círculo com os braços à frente do umbigo. — Vamos comer até ficar com nossas barrigas desse tamanho.

A menina começou a gargalhar e Natália acabou rindo também do gesto engraçado que ele fez.

Quando os dois se afastaram com Vitória feliz da vida, de mãos dadas com o pai, acenando e mandando beijos para a mãe, Natália sentiu um misto de alívio e de preocupação. Pensando em tudo o que aprendera no Centro Espírita, pediu aos Espíritos protetores que os amparassem para que tudo transcorresse em paz e harmonia.

Realmente foi um fim de semana bem divertido para a filha de Natália, que foi cercada de carinho tanto pelo pai quanto pela madrasta. Manuela era, sem dúvida, uma pessoa especial e adorava crianças, sendo ainda uma ótima cozinheira. Ela ensinou muitas brincadeiras para a enteada e, além da lasanha que Vitória havia pedido, fez pudim de chocolate e uma deliciosa torta de maçã.

Os tios Thiago e Reinaldo foram atenciosos com a menina, embora quase não ficassem em casa. Sofia, trancada em seu mundo particular, praticamente avessa ao que se passava ao redor, não deu muita atenção à menina, mas também não a tratou mal. Pelo contrário, em alguns momentos, chegou a achar graça dos comentários ingênuos da neta e demonstrou que, com a convivência, acabaria se simpatizando com ela.

— Posso chamá-la de vovó? – Vitória perguntou em um determinado momento.

Sofia olhou para ela e ficou pensando por um tempo. Enquanto observava, percebeu que a neta era bastante parecida com o Marcelo e até mesmo o comportamento dela era parecido com o do filho quando tinha aquela idade. Essa percepção amoleceu-lhe um pouco as fibras do coração e ela respondeu:

— Só se eu puder chamá-la de Vivi.

Vitória colocou a mão na boca e começou a rir.

— Mas muita gente já me chama de Vivi – disse rindo ingenuamente. — Eu não me importo com isso.

— Então vamos formar uma dupla – Sofia falou: — Eu serei a vovó e você a Vivi. Que tal?

Desta vez a menina gargalhou estrondosamente.

— Vovó e Vivi?

— Isso mesmo – Sofia confirmou.

— Gostei da ideia! Vamos ser cantoras ou dançarinas?

A avó meneou a cabeça negativamente.

— Nem uma coisa nem outra. Já passei da idade para essas coisas. Seremos apenas uma dupla. Só isso.

Vitória parou de rir e falou olhando nos olhos de Sofia.

— Está bem. Só de a senhora ser minha vó eu já fico feliz desse tanto.

E abriu os bracinhos o máximo que pôde, mostrando o quanto estava se divertindo com os novos membros de sua família.

Natália aproveitou o fim de semana para se encontrar com Luzia e desabafar com a amiga que, mais uma vez lhe deu conselhos sensatos. Naquela noite as duas foram ao Centro Espírita e lá, durante a assistência, Claudio e os Espíritos que atuavam na Casa envolveram a moça em boas inspirações para que ela tomasse uma decisão acertada a respeito do futuro, mas sem interferirem em seu livre-arbítrio.

Enquanto retornavam para casa, Natália disse:

— Sabe, Luzia, eu estou realmente confusa. Às vezes, acho que devo lutar pela minha felicidade sem me importar tanto com os outros. Outras vezes, acho que não vale a pena tentar ser feliz, fazendo os outros infelizes.

Luzia olhou para ela com preocupação e falou:

— Eu nem sei o que dizer, amiga. Sei que está enfrentando um dilema que só você poderá resolver e eu gostaria muito de poder lhe ajudar, mas sinceramente não sei como. A única coisa que posso lhe garantir é que, qualquer que seja a sua decisão, conte sempre comigo.

— Ah, Luzia, como é bom poder contar com uma amiga assim – Natália falou com emoção na voz. — Você é o meu anjo guardião, sabia?

A outra riu ao responder:

— Quem dera, amiga! Quem dera!

Em casa, enfrentando uma insônia terrível, Natália chegou à conclusão de que deveria conversar mais francamente com o Marcelo sobre aquela situação. Ora, já que os dois se amavam de verdade e se o relacionamento do rapaz com Manuela não era tão sólido, talvez fosse mesmo justo que assumissem o que sentiam. Seria, inclusive, uma forma de permitir que pai e filha finalmente pudessem viver juntos.

Quando a moça pegou no sono e deixou o corpo físico, Claudio, que acompanhava o seu raciocínio, esperava a irmã para conversarem em um encontro que Natália iria considerar como um sonho.

— Oh, Natália, eu tenho notado a sua preocupação – o rapaz desencarnado disse abraçando-a.

— Ah, Claudio, estou muito confusa – ela respondeu correspondendo ao abraço dele. — Apesar de que começo a tirar umas conclusões, sabe...

— Cuidado para não se decepcionar de novo – ele disse. — As coisas nem sempre ocorrem como nós esperamos.

Natália o olhou curiosa e perguntou:

— Como assim? Sobre o que você está falando?

— Sobre o compromisso que você assumiu de ajudar o Marcelo a se tornar uma pessoa mais responsável nesta encarnação. Pense bem sobre isto, minha irmã, e conte comigo para ampará-la, sempre que possível. Quanto à decepção a que me referi, eu não posso lhe adiantar nada, mas é bom que esteja preparada. Como eu disse, nem sempre os acontecimentos correspondem às nossas expectativas.

No domingo, ao acordar, Natália se lembrou de ter sonhado com o irmão falecido, mas não se recordava do teor da conversa que tivera com ele. Almoçou com os pais e teve vontade de contar sobre o que pretendia fazer. Entretanto, lembrando-se de que poderia desagradá-los, preferiu ficar em silêncio.

Ao fim da tarde, conforme fora combinado, Marcelo levou Vitória de volta e Natália o convidou para entrar. Durante meia hora a menina descreveu tudo o que tinha acontecido na residência do pai, elogiando muito a madrasta e, surpreendentemente, até a avó.

— Sabia que nós formamos a dupla "vovó e Vivi"? – Ela contou à mãe, que achou graça de tudo aquilo, mas que estava ansiosa para conversar com o Marcelo.

Depois que a menina foi para o quarto, despedindo-se do pai com um abraço bem apertado, Natália finalmente tocou no assunto que vinha lhe incomodando tanto. Ao ouvi-la falar sobre a possibilidade de reatarem, Marcelo abriu um largo sorriso e disse:

— Sim! É claro que eu concordo com você. Tenho certeza de que a Manuela vai entender. Nós nos amamos e eu nunca escondi isso dela...

— Ela vai sofrer, Marcelo. Eu não queria ser motivo do sofrimento de uma pessoa tão gentil...

— Talvez sofra um pouco – ele respondeu sem perder a empolgação. — Mas acabará se acostumando. Ela é jovem, encontrará alguém que a ame de verdade. Além disso, eu tenho certeza de que você vai aceitar o nosso filho tão bem quanto ela aceitou a Vitória.

Natália arregalou os olhos e franziu a testa ao perguntar:

— O quê? Filho? Como assim?

O rapaz coçou a nuca, demonstrando constrangimento.

— É que a Manuela está grávida. Eu não falei sobre isto?

— Não. Se eu soubesse disso, nem teria iniciado esta conversa.

— Por que não? O que é que muda?

— Muda tudo, Marcelo! Você não entende que, se abandonar a Manuela grávida, estará cometendo o mesmo erro do passado? Você não disse que é um homem mudado? Que tem muito mais responsabilidade agora?

Ele acenou a cabeça positivamente, sem encontrar palavras para rebater o que ouvia. Natália falou com bastante firmeza:

— Então por que quer voltar a agir como um egoísta, como fez comigo no passado? Nem pense em fazer uma coisa dessas, Marcelo, pois eu jamais o perdoaria por isso.

Ele ficou em silêncio refletindo sobre as palavras sensatas e ao mesmo tempo amargas de Natália. Ela estava coberta de razão.

Ela se levantou, abriu a porta e pediu:

— Por favor, vá embora e esqueça que tivemos essa conversa. Se não quiser perder a consideração que eu tenho por você, fique com sua esposa e com o filho que vocês vão ter. Cuide bem da sua família e eu lhe prometo que Vitória sempre fará parte dela.

Ele pensou em dizer alguma coisa, mas não encontrou palavras. Levantou-se e foi embora sem olhar para trás. Seu coração estava pesaroso, mas, de algum modo estava também aliviado. Não havia como contestar a atitude sensata e honesta de Natália, que mais uma vez provava ser uma mulher realmente especial.

20
Amores da eternidade

O tempo é o remédio para todas as feridas. Se não consegue curá-las, ao menos as torna mais suportáveis. Foi amparada por Claudio e pelos Espíritos protetores que Natália conseguiu superar mais aquela decepção em sua vida. Depois do que aconteceu, decidiu dar tempo ao tempo e, enquanto isso, passou a se dedicar cada vez mais aos trabalhos de caridade, tornando-se, inclusive, trabalhadora do Centro Espírita, depois de fazer os cursos preparatórios para as tarefas mediúnicas. Luzia estava sempre ao seu lado, cumprindo o papel de verdadeiro anjo da guarda de sua querida amiga.

Vitória se tornou uma belíssima adolescente e, passando a conviver mais intimamente com os familiares de seu pai, adorou ganhar um irmãozinho. Quando estava na casa de Marcelo, fazia questão de ajudar Manuela a cuidar do menino e o cobria de mimos.

Com os dois netos tão próximos, Sofia tornou-se uma mulher um pouco mais sociável, embora jamais tivesse perdido o comportamento orgulhoso, vivendo a ilusão de ter uma importância que andava muito longe da sua triste realidade.

Inicialmente andou visitando Guilherme na prisão, mas ficava tão aborrecida com o comportamento agressivo do marido que acabou desistindo dessas visitas. Como se não lhe bastasse a humilhação de ter que se submeter às constrangedoras revistas íntimas, ainda tinha de ouvir as infindáveis queixas que ele, claramente caducando, fazia contra todas as pessoas do mundo, principalmente contra aquelas que o induziram ao caminho de perdição em que se metera.

Aos poucos, os pais de Natália, observando as atitudes responsáveis de Marcelo e o carinho imenso que ele e Manuela dedicavam à Vitória, passaram a encará-lo com mais simpatia, estreitando assim os laços afetivos entre as famílias. Aliás, o comportamento educado e amistoso de Manuela contribuiu em muito para que ocorresse esse clima harmonioso entre eles.

Era uma promissora noite de sábado. Todos estavam em grande expectativa para a festa de quinze anos de Vitória. O salão de festas estava impecavelmente decorado e todos os amigos do colégio tinham sido convidados para aquele importante momento na vida da debutante.

Todos os parentes, elegantemente vestidos, ali se encontravam: além dos pais Marcelo e Natália estavam presentes os avós maternos Jonas e Raquel, os tios Rafael e Laura – que tinham um casal de filhos ainda novinhos – a avó Sofia, os tios Thiago e Reinaldo, Manuela – que para Vitória era uma segunda mãe – e Luzia, a inseparável amiga de Natália.

Vitória parecia uma princesa, de tão linda que estava, com um longo vestido branco feito especialmente para a ocasião. Em seu belo semblante não se via mais a sombra de tristeza dos tempos em que se queixava de ser motivo de pilhérias por parte dos coleguinhas da escola. Porém o que se via estampado agora em seu rosto era a alegria de se sentir amada e protegida por todos aqueles entes queridos que ali estavam.

Enquanto a cerimônia transcorria animada, os familiares que habitavam a esfera espiritual também comemoravam. Principalmente Claudio que estava feliz com a atitude da irmã que, renunciando aos próprios interesses, conseguira superar o egoísmo, fazendo aumentar ainda mais o merecimento de poder viver na próxima reencarnação o amor verdadeiro que sentia por Marcelo.

— Estou feliz por Natália ter tomado a decisão mais sensata, mas e ela? Como estará se sentindo? – Claudio perguntou à avó, que também estava ali.

Carolina, olhando nos olhos dele, falou:

— É natural que a Natália experimente certa frustração por ter renunciado ao seu amor, mas ela será recompensada no futuro. A atitude de agora vai se reverter em alegrias verdadeiras mais à frente, pois tanto ela quanto o Marcelo terão merecimento para permanecerem juntos e felizes, uma vez que a felicidade deles não será motivo de sofrimento para ninguém.

— É verdade – Alberto falou. — Se Natália tivesse agido egoisticamente, exigindo que Marcelo abandonasse a esposa e o filho para ficar com ela, os dois estariam repetindo o erro cometido no passado e continuariam em débito moral, o que impediria seu reencontro na próxima vida.

— Vendo as coisas por este ângulo, fica mais fácil entender – Claudio falou olhando para a irmã, que nesse momento ria de algo que Luzia lhe dissera ao ouvido. — Aliás, o conhecimento da Doutrina Espírita com certeza já deu a ela o consolo de saber que os afetos sinceros superam essas dificuldades passageiras.

— Sim – concordou Carolina. — Nada é por acaso no mundo e, graças a Deus, Natália passou a conhecer o espiritismo no momento mais importante de sua vida. O momento exato de saber que sentimentos como o dela e do Marcelo são o que podemos chamar de amores da eternidade.

Nesse momento ouviu-se a belíssima valsa para debutante. Marcelo envolveu Vitória nos braços e, bastante emocionado, conduziu-a para a pista de dança.

Fim

Obras do Autor

Abençoados Resgates

Atendendo a programação do plano espiritual um grupo de espíritos encarna na Terra com a finalidade de resgatarem débitos de vidas passadas.

Sofrem percalços e se envolvem em várias tramas que põem à prova a capacidade de persistirem no bem que os levará a atingir suas metas resgatando suas pendências.

16x23cm
224 páginas

Aliança

Obras do Autor

Abismos do Vício

Em uma vida comprometida pela droga, Gisele desestrutura a família e vive as mais difíceis provações proporcionadas pela dependência química.

Após a última passagem pela carne se encontram no plano espiritual onde programam a nova encarnação visando resgate daqueles que não conseguiram atingir seus objetivos.

Esta obra visa mostrar principalmente aos jovens, as consequências da opção pelo mundo do vício.

16x23cm
224 páginas

Aliança

Obras do Autor

Além de uma vida

Nesta nova encarnação, Flávio, Felipe e Clarisse são unidos pelos laços familiares, e enfrentam difíceis provas, vivendo agora como pai, mãe e filho. Amparados por entidades benfeitoras, terão a oportunidade de se perdoarem e, finalmente, conquistarem a paz.

16x23cm
352 páginas

Aliança

Obras do Autor

Amor e Cativeiro

Um grupo de Espíritos planeja a pacificação de duas tribos canibais e rivais, na África. Após várias tentativas,

Felipe e Clarisse aceitam reencarnar como Kauan e Kalu, que conseguem unificar as tribos, acabando com a guerra.

16x23cm
224 páginas

Aliança

Campanha de Preservação da Vida
EDITORA ALIANÇA
Tema: PREVENÇÃO AO SUICÍDIO

Visite nosso site

www.editoraalianca.com.br